Suerte o desastre

ISABELLA COTA

Suerte o desastre

El azar como modelo económico de AMLO

AGUILAR

El papel utilizado para la impresión de este libro ha sido fabricado a partir de madera procedente de bosques y plantaciones gestionadas con los más altos estándares ambientales, garantizando una explotación de los recursos sostenible con el medio ambiente y beneficiosa para las personas.

Suerte o desastre
El azar como modelo económico de AMLO

Primera edición: enero, 2024

D. R. © 2023, Isabella Cota

D. R. © 2024, derechos de edición mundiales en lengua castellana:
Penguin Random House Grupo Editorial, S. A. de C. V.
Blvd. Miguel de Cervantes Saavedra núm. 301, 1er piso,
colonia Granada, alcaldía Miguel Hidalgo, C. P. 11520,
Ciudad de México

penguinlibros.com

ISBN: 978-607-383-982-2

Impreso en México – *Printed in Mexico*

Índice

"Hay una tendencia universal entre la humanidad a concebir a todos los seres como ellos mismos y a transferir a cada objeto aquellas cualidades con las que están familiarizados y de las que son íntimamente conscientes. Encontramos rostros humanos en la luna, ejércitos en las nubes; y por una inclinación natural, si no se corrige con la experiencia y la reflexión, atribuimos malicia y buena voluntad a todo lo que nos hiere o nos agrada."

David Hume, *The Natural History of Religion* (1757)

"Nunca atribuyas a la maldad lo que se explica adecuadamente por la estupidez."

Principio de Hanlon, Arthur Bloch, *Murphy's Law Book Two, More Reasons Why Things Go Wrong!* (1980)

Prólogo

SI AMAS A AMLO, ESTE LIBRO ES PARA TI. SI ODIAS A AMLO, ESTE LIBRO es para ti. La figura del presidente Andrés Manuel López Obrador, quien tomó el poder a finales de 2018, es tan absorbente que es difícil pensar que se puede hablar de su mandato sin hablar, propiamente, de él. Pero este libro lo logra. La presente es una breve historia económica de México bajo la Cuarta Transformación, contada por mexicanos de a pie y especialistas en la materia, así como a través de estadísticas y datos y de mi lente periodística, con casi dos décadas de experiencia. Conforme se acerca el final de este sexenio, va quedando claro cuál es el legado económico del presidente, uno lleno de sorpresas buenas y malas.

Sin duda, este fue un sexenio hiperpresidencialista en el plano político. También lo fue en su brutal intervención en el sector energético, en donde empresas privadas fueron forzadas a años de parálisis para ofrecerle ventajas a las empresas del Estado. Pero esta fue, en realidad, la excepción en el comportamiento del presidente. López Obrador no se portó como un presidente de izquierda, sino como un neoliberal de clóset. La primera pista fue su abrupto adelgazamiento del aparato de Gobierno, con despidos masivos en los sectores de educación y salud, y, sobre todo, en las instituciones responsables de sostener la democracia. Intercambió guarderías y escuelas de tiempo completo por transferencias directas, desmantelando el sistema de cuidados del que dependen millones. Por si quedaba alguna duda, su neoliberalismo interno salió a la luz cuando llegó la pandemia y el Gobierno dejó que las fuerzas del mercado actuaran sin intervención, llevando a la quiebra a un millón de negocios.

Este será un sexenio que pasará a la historia por revertir la tendencia de la tecnocracia en los altos niveles de Gobierno. La Cuarta Transformación la equipara con el clasismo, actitud que tuvo un profundo impacto en la manera en que diseñaron —o dejaron de diseñar— las políticas públicas.

A diferencia de muchos periodistas que cubren economía, negocios y/o finanzas, yo no veo a los grandes empresarios como las indefensas víctimas de López Obrador. En mi análisis, la clase empresarial mexicana le ha fallado tanto a los mexicanos como los políticos.

Acostumbrados a escribir las reglas tras bambalinas para garantizar jugosos réditos, su rabia y descontento reflejan una aversión al riesgo, y no una injusticia.

Haber puesto a López Obrador en el poder no nos hizo menos corruptos. Si bien al propio presidente no le encontraron una casa lujosa regalada por su contratista favorito —como a su antecesor—, los escándalos de corrupción no escasearon en estos años. Su hijo estuvo entre los señalados, así como quienes forman parte de su círculo interno (entre ellos, el director general de la Comisión Federal de Electricidad y el militar de más alto rango en el país). En los rankings internacionales, así como en las encuestas nacionales, la corrupción permanece casi intacta en la vida de los mexicanos. Los sobornos siguen siendo parte de nuestro día a día, no importa si los vemos como un impuesto adicional o un lubricante para que el aparato burocrático funcione en nuestro

beneficio. Una de las consecuencias económicas es que las pequeñas y medianas empresas no crecen deliberadamente. Quedarse
chiquitas es una manera de no llamar la atención.

En lo económico, el de AMLO fue un no-gobierno. No trabajó para atraer nueva inversión, no invirtió en la infraestructura
que el país desesperadamente necesita, no facilitó los trámites
para hacer negocios en el país y no garantizó ni la seguridad ni el
Estado de derecho que los grandes capitales buscan. No invirtió
en educación que detonara actividad económica y no protegió a
quienes viven en extrema pobreza. Sus secretarios de Hacienda
y Economía fueron no-secretarios, actuando como si no tuvieran
el poder de decisión que tenían en sus cargos; incapaces de opinar,
humillados, silenciados y/o sin interés para defender el poco presupuesto que le corresponde a la salud, la educación, el transporte
y la seguridad de los ciudadanos. Canalizaron cada peso que pudieron a los megaproyectos emblemáticos del presidente.

A pesar de todo esto, Andrés Manuel López Obrador saldrá
bien librado de su récord económico porque es un tipo con mucha
suerte. La ola de líderes populistas a nivel global que lo impulsó,
parcialmente, al poder, hoy se ve como un presagio. Y es que las
fuerzas externas fueron más poderosas que él. La intensificación
de la rivalidad entre Estados Unidos y China hizo aún más relevante el tratado comercial de los tres países norteamericanos.
México, con todos sus problemas de seguridad y corrupción, de
repente surgió como un destino atractivo para las empresas que
querían seguir vendiendo a Estados Unidos sin ubicarse en Asia.
Además, la administración anterior acordó subir el salario mínimo en México para nivelar la cancha con sus socios comerciales.
López Obrador solo llegó a implementarlo, pero se colgará las
medallas de la redistribución del ingreso que impactó de manera
muy positiva en la pobreza.

AMLO dejó la economía al azar y saldrá bien librado; ya quisiéramos los mexicanos la suerte del presidente. Él saldrá de Palacio Nacional con un legado económico que se lee bien en el papel, pero que oculta enormes carencias de los ciudadanos. Un legado que esconde el debilitamiento de la democracia y el hecho de que le aventó a su sucesor la papa caliente: una urgente reforma fiscal. El tabasqueño llegó al poder para satisfacer el deseo de los mexicanos por un nuevo modelo económico más limpio, menos extractivo y más justo. Esta fue su mayor promesa incumplida, pues ese deseo, insatisfecho, todavía late en México. ¿Qué es lo peor que podría pasar?

Introducción

ME ENCANTARÍA COMENZAR ESTE LIBRO CON UNA ADORABLE ANÉC-
dota sobre el momento en que descubrí la economía y cómo fue
amor a primera vista. Pero lamento decir, estimado lector, que no
fue así. El camino que me trajo hasta aquí ha sido sinuoso y con
algo de drama.

Empezó en 2008, cuando llegué a Dinamarca con mis sue-
ños empacados en un par de maletas a estudiar una maestría en
periodismo. En el segundo y último año del programa, estudiaría
una especialidad sobre la teoría de la esfera pública del sociólogo y
filósofo alemán Jürgen Habermas. El máster ofrecía también una
especialidad en periodismo de negocios y finanzas, pero, a mis 26
años, habiendo empezado mi carrera como reportera cultural, mi
interés por los negocios era mínimo, y todo lo que tuviera que ver
con finanzas me aburría sobremanera. Los mercados y las empresas me daban lo mismo. Mi sueño era ir por el mundo y escribir
sobre las culturas de cada país.

En mi primer día de clases en la Danish School of Journa-
lism, el 15 de septiembre, cayó en bancarrota Lehman Brothers,
un banco de inversión de cuya existencia yo supe ese mismo día.
De repente, todos los medios hablaban de *credit default swaps* (per-
mutas de incumplimiento crediticio), de *collateralized debt obligations*

(obligaciones de deuda garantizadas) y de activos "tóxicos". Yo no entendía nada, y para mi sorpresa, muchos de mis profesores —algunas de las mentes más brillantes de Europa— tampoco. Me quedó claro que esta no era una crisis como las que vivimos en México cada cierto tiempo. Esto era nuevo, desconocido, y llegó en un momento clave para mí. Me tocó vivir la crisis financiera del 2008 y la Gran Recesión que le siguió durante mis estudios de posgrado, desmenuzando cada acontecimiento con la guía de académicos y autores en tiempo real.

Diariamente, las noticias me enseñaban algo nuevo sobre esta potente fuerza conocida como *sistema financiero global*, y con cada nota se revelaban también las consecuencias reales de esta crisis; es decir, las consecuencias económicas. Recuerdo la dramática evolución en imágenes. Primero, las de los desempleados de Lehman con sus pertenencias en cajas; después, las de las casas embargadas en Estados Unidos, y por último, las de gente viviendo en sus coches. Millones de personas perdieron sus casas, ahorros y trabajos, o sufrieron pérdidas en sus fondos de pensiones. Los mercados y la banca cobraron un sentido real para mí cuando la crisis financiera impactó la economía.

Los *traders* de los grandes bancos no fueron los únicos que salieron con sus pertenencias en cajas hacia el desempleo. Poco a poco, la crisis fue adelgazando las redacciones de medios internacionales en todo el mundo. Los titulares eran una tortura. Yo estaba invirtiendo en mi educación para ser una mejor periodista y el mundo tenía cada vez menos de ellos. Destacaba una sola excepción: los periodistas de finanzas. Un periodista que supiera de mercados y tuviera la capacidad de analizar rápidamente estados financieros de una empresa o un discurso del director general de Blackrock, Larry Fink, estaba en demanda. Entendí que, a este tipo de periodistas, el mundo sí los necesitaba. Al mismo tiempo, descubrí las obras de Michael Lewis y Gillian Tett, quienes cuentan las fascinantes historias ocultas detrás de una hoja de cálculo o desde el piso de remates de la bolsa.

La crisis cambió al mundo y también me cambió a mí. Bastaron unos meses para que pidiera un cambio de especialidad y, en lugar de mudarme a Hamburgo para mi último año de estudios, ingresé a City University London a estudiar periodismo de negocios y finanzas. Para 2010, cuando me gradué, los medios de comunicación ya se habían puesto al corriente con Wall Street, exponiendo la colusión de agencias calificadoras y bancos de inversión que ocasionó la crisis. Los Gobiernos en Estados Unidos y Europa rescataron a los bancos para mitigar el impacto económico antes de que la ciudadanía conociera con claridad las raíces de la traumática crisis.

Todo esto me llenó de indignación y, poco a poco, mi lente periodística fue cambiando. En las calles de Londres, fui testigo de cómo se gestó *Occupy London*, la respuesta británica al movimiento en contra del capitalismo rapaz y el poder de los bancos *Occupy Wall Street* en Estados Unidos. Viví también los disturbios en la ciudad en 2011, los cuales se organizaron, por primera vez, a través de mensajes de texto en dispositivos móviles, algo que asustó a las autoridades. Ese año entré a trabajar a Reuters, la agencia internacional de noticias, en donde aprendí cómo fluye la información que envían los corresponsales hasta transformarse en historias digeribles para un público general. El foco de atención oscilaba entre dos temas: la Primavera Árabe y la crisis de la deuda europea. No había espacio en la mente de los lectores para mucho más y, desde mi escritorio en la redacción, ubicada en el distrito financiero de Canary Wharf, podía ver el edificio vacío de Lehman Brothers. Era un recordatorio diario de cómo llegamos a ese momento.

La economía es el cuerpo, el sistema financiero es la espina dorsal por donde fluye la energía vital; es decir, el dinero. Si lo que quería era ir por el mundo y escribir sobre las diferentes culturas, me quedó claro en esos años que la mejor manera de hacerlo es a través de los acontecimientos en la economía, los negocios y las finanzas.

Pero me aburrí. Después de un año de trabajar con un equipo de periodistas de todo el mundo como editora de un servicio web, extrañaba reportear desde la calle. Otro año muy duro fue 2011, cuando caí en cuenta de que ser latinoamericana, por más impecable que fuera mi inglés y a pesar de tener el permiso para trabajar legalmente, me limitaba. Los escasos puestos que se abrían, eran ocupados por hombres ingleses (a veces por mujeres inglesas), y yo no soy una persona muy paciente.

Esa Navidad, aprovechando una visita a mi natal Monterrey, viajé a Ciudad de México y busqué a la directora de Reuters en México y Centroamérica. Me senté afuera de su oficina en Lomas de Chapultepec hasta que me recibió.

—Soy mexicana, bilingüe y sé hacer periodismo de finanzas —le dije—, quiero irme a dónde sea más útil.

—¿Cuándo puedes mudarte a Costa Rica? —me respondió.

La presidenta Laura Chinchilla había heredado de Óscar Arias un Gobierno inflado y una nómina muy cara cuando llegué a vivir a San José, en 2012. El país, con una población equivalente a la del estado de Nuevo León, coqueteaba con la idea de emitir más bonos en el mercado internacional para cubrir el gasto, pero eso implicaba subir los impuestos. Pronto, me di cuenta de que esta era una historia global, ya que muchos países atravesaban una encrucijada similar porque, debido a la crisis de 2008, habían bajado mucho las tasas de interés y estaban aprovechando para endeudarse.

Durante mis años en Costa Rica cubrí la emisión de euro-bonos, una modificación de régimen del tipo de cambio y una elección presidencial. Expuse también cómo el crimen organizado estaba usando los parques nacionales, la joya del turismo, como *pit stop* en su tráfico de drogas desde Colombia hasta México —nota por la cual, dicho sea de paso, un ministro del Gobierno amenazó con "deportarme"—. Escribí sobre la trata de blancas a la que están expuestos los centroamericanos, un mercado cautivo por su condición de pobreza, y sobre la construcción de un canal en Nicaragua que se esperaba que compitiera con el de Panamá, a cargo de una empresa china (el proyecto nunca avanzó).

Mi trabajo era emocionante, pero mi atención estaba cada día más en lo que sucedía en México. Enrique Peña Nieto había ganado las elecciones con una poderosa campaña en redes sociales y su prioridad era abrir la economía a través de reformas constitucionales en energía y telecomunicaciones. Yo quería regresar a México, y cuando Bloomberg —la competencia de Reuters— me ofreció un puesto en su oficina en la capital, no pude decir que no.

Bueno, no fue así del todo. El puesto que me ofrecieron era una corresponsalía de mercados emergentes con un enfoque en el tipo de cambio y renta fija —trabajo soñado de absolutamente ningún periodista—. Temí que me aburriría como lo hice en Londres. Finalmente, apliqué al puesto cuando la empresa se acercó conmigo por segunda vez porque, al notar que en México todo ocurría a la velocidad de la luz, quise regresar al país.

Mi trayecto en Bloomberg estuvo marcado por las altas y bajas del peso contra el dólar. Empezó con las apuestas alcistas por la reforma energética y terminó con el caos bajista detonado por las amenazas de Donald Trump de destruir el Tratado de Libre Comercio de América del Norte (TLCAN). Escribí hasta el cansancio sobre los bonos emitidos por el Gobierno de Peña Nieto y por el Pemex de Emilio Lozoya. Sacrificando mi tiempo libre, logré publicar también una investigación sobre el tráfico ilegal de la basura electrónica estadounidense que cruzaba la frontera para ser deshuesada en México antes de venderse a China. La cultura de Bloomberg es más parecida a un banco de inversión que a la de un medio de comunicación y, para mí, esos años fueron muy difíciles.

Al poco tiempo de que Trump se mudara a la Casa Blanca, renuncié a Bloomberg. Me tiré al vacío del mundo *freelance* y pude hacer periodismo de investigación, a veces enfocado en finanzas. Como parte de la prestigiosa unidad de investigación Quinto Elemento, expusimos cómo los bonos catastróficos del Gobierno federal eran un hoyo negro de pérdidas y recursos desaparecidos. Entrevisté a Carlos Merlo, el autoproclamado "rey" de las *fake news* —quien asegura que ayudó a Peña Nieto a ganar la presidencia—, para la televisión japonesa. Tiré, como de un hilo, de un rumor en el sector energético hasta exponer a una empresa texana que, a meses de haber sido fundada por los amigos de un director de la Comisión Federal de Electricidad (CFE), recibió contratos blindados por miles de millones de dólares. Y cuando *El País* tocó a mi puerta, me sentí preparada y entusiasmada de liderar la cobertura económica del diario español en toda América Latina.

Este es un libro que me encuentra todavía digiriendo, tratando de descubrir el sentido en los cambios tan fuertes que experimentamos en el mundo y, de manera muy particular, en México. Entre las promesas hechas a mi generación, están la de un mundo de libre comercio, de economías abiertas y de libertad de tránsito. A quienes nacimos en los ochenta, nos aseguraron que el mundo tendía a la integración y que el conflicto ocurría en países comunistas —o, como lo plantea Thomas L. Friedman, los países que tienen McDonald's no se declaran guerras entre sí—. Mis padres cuentan historias de cómo en México no era posible comprar pañales y leche de fórmula de buena calidad en 1982, cuando nací, y la violenta depreciación del peso imposibilitaba que los viajes a la frontera fueran recurrentes. Cuentan estas historias como si esto no pudiera volver a ocurrir jamás, porque eso "era antes".

Pero como "era antes" es justo lo que el presidente Andrés Manuel López Obrador propone para el futuro, por lo que, naturalmente, miles de mexicanos están molestos. Otros tienen miedo. A mi generación le dijeron que México se abrió al mundo y que no habría vuelta atrás… hasta que llegó AMLO.

En este libro no defenderé las bondades de cierta ideología económica frente a otra. Tampoco me interesa darle la razón ni al presidente ni a sus críticos. No soy una periodista que piense que los mercados tienen siempre la razón, ni que el Estado lleva una ventaja moral. El presente contará la historia económica de México bajo AMLO, respaldada con los datos y las cifras disponibles y pintada con las voces de quienes tienen algo que decir.

La visión de AMLO para la economía: "Austeridad hasta sus últimas consecuencias"

EN EL SEMÁFORO DEL CRUCE DE LA CALLE HOLBEIN Y AVENIDA REVOLU-
ción, en la alcaldía Benito Juárez de la Ciudad de México, un mú-
sico toca su violoncelo a cambio de propinas de los conductores.
Un violoncelo no es como una guitarra o una armónica, las cuales
se ven comúnmente en este contexto. Este instrumento pertenece
a una orquesta, a un teatro, y verlo en la calle es chocante y hasta
desgarrador. La necesidad económica de este y millones de mexicanos se impone y ya no importa qué pertenece dónde: la gente
hace como puede.

Este tipo de escenas se volvieron más comunes desde 2020,
durante la pandemia, y se quedaron como una de sus muchas he-
rencias. En colonias de la ciudad con alta afluencia, músicos con
marimbas, trompetas y saxofones, quienes antes tocaban en restaurantes, fiestas y eventos, comenzaron a tocar por las calles, timbran-
do para que los vecinos les aventaran propinas desde los balcones.
Muchos de los restaurantes donde tocaban esos músicos cerraron
de manera permanente, y aunque las fiestas volvieron en 2022,
para muchas familias, las celebraciones son austeras. Todo apunta a que la existencia de músicos mendigando por las calles para
sobrevivir no es un síntoma temporal de una economía que pasa
por un momento difícil, sino una escena ya fija en nuestra realidad.

A un lado, un edificio moderno de seis pisos alberga un campus del Tecnológico de Monterrey. Inaugurado en 2019, unos meses antes de que se propagara la covid-19, el campus fue diseñado para ofrecer una opción más accesible a los estudiantes de posgrado que trabajan en la ciudad y no tienen tiempo para desplazarse a los campus en el sur de la ciudad o en el Estado de México. Con sillones de colores primarios y salas de juntas con paredes de vidrio, el campus se parece más a las oficinas de una *startup* en Silicon Valley que a una universidad con aulas. Aquí trabaja Carlos Urzúa, quien por siete meses fue secretario de Hacienda y Crédito Público (SHCP) de México. El matemático y doctor en economía, hoy profesor de la Escuela de Gobierno y Transformación Pública, tuvo un impacto duradero en el Gobierno a pesar de su breve paso. Sus reclutas, muchos de ellos exalumnos, hoy siguen en subsecretarías y puestos técnicos en Hacienda y el Sistema de Administración Tributaria (SAT). Raquel Buenrostro, quien fue titular del SAT, fue elegida originalmente por Urzúa para encabezar la Oficialía Mayor de la SHCP.

"Yo le puedo decir un poco sobre cuánto lo conozco, qué es lo que él pensaba y piensa, o bueno, de lo que yo pienso que él piensa", dice el profesor a manera de advertencia al empezar la primera de varias entrevistas. Urzúa fue secretario de Finanzas del Gobierno del Distrito Federal entre 2000 y 2003, bajo el Gobierno de López Obrador. Lo que pasa por la mente de López Obrador sigue siendo, como bien sentenció el escritor Jorge Volpi,[1] un misterio, pero Urzúa pertenece a un grupo pequeño de personas que no militan en ningún partido, que han trabajado con él de cerca

---

[1] Jorge Volpi, "En la mente de López Obrador" (30 de noviembre de 2021), disponible en: https://elpais.com/mexico/opinion/2021-12-01/en-la-mente-de-lopez-obrador.html

y que están dispuestos a hablar sobre el presidente. Además, es un académico y un profesional altamente preparado y reconocido. Por lo tanto, para entender cuál es la visión económica de Andrés Manuel López Obrador, sexagésimo quinto presidente de México, es necesario escuchar a Carlos Urzúa.

—A mí me sorprendió mucho cuando usted me dijo que quiere escribir sobre la economía de López Obrador, porque… él no tiene idea —aseguró el académico, con un tono tranquilo y hasta simpático, partiendo del sentido del humor que lo caracteriza—. Se lo dice alguien que lo conoce muy bien, y siempre diré también que es un tipo que tiene una inteligencia social extraordinaria. Es, probablemente, el mexicano que tenga la inteligencia social más alta de todos los mexicanos que estamos todavía en este pobre mundo —agregó Urzúa.

—Lo que haré es escribir sobre la economía de México bajo López Obrador —aclaré—, no creo que la visión económica de AMLO dé para un libro.

—¡Ah! Eso sí es bien importante, qué bueno, ojalá lo haga muy bonito, porque, además, es bien interesante —dijo entusiasmado.

Ante esta premisa, mi primera pregunta fue: si López Obrador no sabe nada de la economía, ¿por qué aceptó ser su secretario de Hacienda? Me dijo que la respuesta venía en dos partes. Primero, por el impacto y el prestigio que ofrece el puesto. Y segundo, porque su experiencia inicial de tres años trabajando como su secretario de Finanzas en lo que fue el Distrito Federal (D.F.), y ahora es la Ciudad de México, fue muy buena.

—Haga de cuenta que a usted le fue muy bien en Disneylandia, y entonces, 20 años después, piensa que todo va a ser igual, que Disneylandia seguirá siendo Disneylandia —expuso—, pero no fue así.

Cuando, en el año 2000, López Obrador tomó posesión como jefe de Gobierno del D.F., la ciudad venía de 15 años de regencias y Gobiernos negligentes. Por todos lados se veían aún las ruinas del terremoto de 1985, y López Obrador fue el primero en reconstruirlas, algo que los habitantes de la ciudad no olvidan. En la alameda, por ejemplo, buscó la manera de construir dos edificios nuevos, el Tribunal Superior de Justicia de la Ciudad de México y una nueva cancillería, con fondos de la federación, y de paso restauró el área que los rodea. En el centro histórico, logró que el empresario Carlos Slim, uno de los hombres más ricos del mundo, financiara (en gran parte) una remodelación que hasta hoy beneficia al comercio y al turismo. Su Gobierno emitió rápidamente permisos de construcción para impulsar el desarrollo inmobiliario. Un claro ejemplo es el Paseo de la Reforma, un importante centro financiero y de negocios que creció en esa época.

Antes de AMLO, el área de Santa Fe —al poniente de la Ciudad de México— no contaba con una vía de salida al sur. Al mismo tiempo, empresas constructoras tenían los ojos puestos en unos terrenos de la zona, para los cuales necesitaban permisos. AMLO les entregó a las constructoras los terrenos a cambio de que construyeran la avenida de los Poetas, la cual tiene tres puentes y generó una salida del área hacia el sur de la ciudad. Esto facilitó el flujo de tráfico e impulsó la economía local. Él tenía visión, argumentó Urzúa, y encontraba la manera de construir sin comprometer el gasto social. También, en esa época, López Obrador empezó el primer programa universal de pensiones a adultos mayores, lo cual benefició directamente a la población.

En esos años, el Gobierno del Distrito Federal tenía una sola Oficialía Mayor que controlaba las compras, adquisiciones y todo el gasto, no solamente de las secretarías, sino, en ocasiones, hasta de las delegaciones —que ahora son municipios—. Esto le permitió a López Obrador tener ahorros muy grandes y ejecutar el presupuesto con excedentes importantes. El segundo piso del Periférico, por ejemplo, se financió con un excedente. "Tuvimos ingresos extraordinarios, realmente extraordinarios, que nos permitieron hacer muchas cosas", recordó Urzúa. "Es injusto que se piense en López Obrador nada más por lo que está haciendo ahora", agregó el académico, "él fue realmente un buen jefe de Gobierno".

Casi 20 años después, cuando López Obrador ganó la presidencia, le propuso a Urzúa hacerse cargo del presupuesto y repetir este modelo de concentrar todo desde la Oficialía, algo sin duda difícil, por la escala y los compromisos del gasto. Urzúa aceptó el reto y puso manos a la obra. A principios de 2019, diseñó un presupuesto con los recortes que López Obrador pedía en el gasto, pero no fueron suficientes. Se tuvo que hacer un segundo recorte, el cual Urzúa consideró excesivo.

Su renuncia no tardó. Urzúa dejó la secretaría el martes 9 de julio de 2019. Lo hizo, por lo menos en público, a través de una carta dirigida al presidente, de apenas cuatro párrafos con poca sustancia, la cual publicó en su cuenta de Twitter.[2] El tono es respetuoso, pero directo. Unos días después, la revista *Proceso* publicó una entrevista con él, en la que habló más a fondo sobre sus razones. Sin decir cuál fue "la gota que derramó el vaso", apuntó que la política pública se estaba haciendo por personas sin ningún conocimiento de la hacienda pública. Habló también de lo incómodo que le resultaba que Alfonso Romo, operador del mercado como cabeza de una casa de bolsa, fuera miembro del gabinete, cuando presentaba un conflicto de interés natural. También

---

[2] Tweet de Carlos M. Urzúa (9 de julio de 2019), disponible en: https://twitter.com/carlosm_urzua/status/1148626816241979392

dijo que los planes del director general de la Comisión Federal de Electricidad, Manuel Bartlett, de confrontarse con las empresas extranjeras del sector, resultarían perjudiciales para México. En 2022, tres años después, Romo salió del gabinete y Bartlett encrudeció su guerra contra los privados.

Quizás Urzúa no lo sabía en 2017, cuando accedió a ser su secretario de Hacienda si ganaba las elecciones, pero muchos de los planes más controvertidos de AMLO estaban en su Proyecto de Nación 2018-2024.[3] Documento de 461 páginas, el plan asegura ser una propuesta para los delegados del partido del presidente, Morena. Dijo que fueron más de 200 "expertos" quienes lo escribieron, pero no los nombró. A mitad del sexenio, es sorprendente ver que una gran parte del documento lo dedica a temas de economía. "El Proyecto de Nación 2018-2024 recoge una nueva visión del país y presenta proyectos y propuestas en materia económica, política, social y educativa que tienen por objeto generar políticas públicas que permitan romper la inercia de bajo crecimiento económico, incremento de la desigualdad social y económica y pérdida de bienestar para las familias mexicanas", dice el documento, el cual ya no está disponible en la página lopezobrador.org.mx. El único portal que lo alberga, es el de la organización civil Mexicanos Contra la Corrupción y la Impunidad (MCCI). "El país se encuentra en un estado de atraso, deterioro, carencia y descomposición que justifica sobradamente la amplitud y la profundidad de las medidas gubernamentales que deben ser puestas en práctica para detener, en un primer momento, y revertir, posteriormente, la decadencia nacional en materias como infraestructura, educación, salud, agricultura y medio ambiente", asegura.

---

[3] Proyecto de Nación 2018-2024, disponible en: https://contralacorrupcion.mx/trenmaya/assets/plan-nacion.pdf

Para millones de mexicanos trabajadores, hartos de no ver una mejora en su calidad de vida y su movilidad social, este párrafo mal redactado se leía durante la campaña como un reconocimiento de su situación de vida difícil. Hoy, sin embargo, le lee como una justificación para implementar recortes extremos y para adelgazar y debilitar el aparato de gobierno.

En una de las varias versiones del documento que circulan en línea, AMLO y su equipo resumen su visión del gasto y del rol del Estado como impulsor de la economía: "Las principales fuentes de financiamiento de todos los proyectos serán la eliminación de la corrupción y un Gobierno austero, así como llevar a cabo hasta sus últimas consecuencias la austeridad republicana".

Hasta sus últimas consecuencias. Una dura advertencia. En sus primeros tres años de Gobierno, el PIB per cápita cayó más de 7%,[4] sin contar la pérdida del poder adquisitivo —es decir, el alza en la inflación—; más de un millón de negocios cerraron de manera permanente.

Quizás estas no eran las consecuencias que AMLO tenía en mente, pero definitivamente son las que se tuvieron.

Muchos de los desencantados de AMLO, aquellos de izquierda moderada que le entregaron su voto en 2018 y quienes hoy están desilusionados por su administración, se sorprenderán al saber, por ejemplo, que el plan siempre fue extinguir los fideicomisos. "Con el paso de los años, los fideicomisos se han vuelto una estructura paralela a la Administración Pública Federal", dice el Proyecto. Son "recursos ociosos que podrían servir para la reconstrucción nacional", apunta.

---

[4] Elizabeth Albarrán, "AMLO llega a mitad de su Gobierno con caída de $10,800 en PIB per cápita" (1 de septiembre de 2021), disponible en: https://elceo.com/economia/amlo-llega-a-mitad-de-su-gobierno-con-un-pib-per-capita-menor/

La propuesta era "iniciar un programa de disminución gradual de la ejecución del gasto a través de fideicomisos", lo cual no se hizo. Se extinguieron 109 fideicomisos de manera tajante, impactando a la comunidad académica y científica, a la sociedad civil organizada y a los defensores de los derechos humanos, entre muchos otros. Cabe mencionar que uno de los fondos más afectados fue el Fondo de Desastres Naturales (Fonden), el cual cubre algunos daños por eventos meteorológicos, algo cada vez más frecuente debido al calentamiento global. Los municipios y estados tuvieron que crear sus propios fondos para reconstruir lo que los huracanes se llevaron. Cabe mencionar también que, para mediados de 2022, Hacienda había recibido unos 38 000 millones de pesos por la extinción de la mayoría de estos fideicomisos y, por la falta de transparencia del Gobierno de López Obrador, no se sabe en qué se gastó ese dinero.[5]

Con el privilegio de la retrospectiva, las propuestas en el Proyecto se pueden dividir en tres categorías: errores, promesas rotas y advertencias. Aquí recupero las más importantes en materia económica; algunas de ellas las discutiremos más a fondo en sus respectivos capítulos.

Errores:

- El Proyecto contempla que el sector privado pague la gran mayoría de los proyectos de infraestructura y construcción durante el sexenio, los cuales hubieran impulsado la economía del país. Pensando en la "visión" a la que hace

---

[5] Martha Martínez, "Opacan 38 mil mdp de fideicomisos" (10 de abril de 2022), disponible en: https://www.reforma.com/opacan-38-mil-mdp-de-fideicomisos/ar2382766

referencia Urzúa del López Obrador de antes, quien siempre tenía una ficha de cambio para construir sin pagar, quizá fue un error pensar que pudiera repetir la hazaña en el Gobierno Federal. Quizás el error fue pensar que, con su retórica hostil hacia los empresarios, estos pagarían cualquier costo por complacerlo y para estar de su lado bueno.

Promesas rotas:

- "Garantizar la difusión y la consulta pública de autorizaciones, contratos, asignaciones, permisos, alianzas, sociedades, asociaciones, coinversiones que el Estado conceda o suscriba a particulares". Lo que hizo el Gobierno, en realidad, fue adjudicar contratos de manera directa, opaca y, en algunas ocasiones, con una cláusula que garantizaba la confidencialidad. Según un análisis de Mexicanos Contra la Corrupción y la Impunidad, ocho de cada 10 contratos se asignaron por adjudicación directa en 2022.[6]
- "En lo que se refiere al manejo de la política macroeconómica, se reitera el compromiso con la estabilidad, y por eso es importante resaltar el respeto a la autonomía del Banco de México". Si bien en 2020 la propuesta de Morena para reformar la ley del Banco de México no era, directamente, eliminar su autonomía, el objetivo de obligar a la institución a comprar dólares hubiera sido una vulneración de esta. AMLO, por su parte, con su actitud hacia Banxico,

---

[6] Renata Gómez Lameiras, Lorenzo León Robles y Leonardo Núñez González, "La excepción como regla: abusos e irregularidades de las compras del Gobierno en 2022" (13 de febrero de 2023), disponible en: https://contralacorrupcion.mx/nuestro-dinero/asi-contrata-el-gobierno/la-excepcion-como-regla-abusos-e-irregularidades-de-las-compras-del-gobierno-en-2022/

informando al público de la decisión de política monetaria antes que el propio banco —el 24 de marzo de 2022—, mostró su desdén por la autonomía de esta institución. Horas después, se disculpó.

- "Se dará continuidad a los programas sociales o se transformarán para que realmente tengan incidencia en la reducción de la pobreza". Los programas sociales de AMLO eliminaron el padrón de familias más necesitadas para otorgar el beneficio de manera universal, lo cual deterioró su incidencia en la reducción de la pobreza.

- "Dotar a Pemex de plena autonomía presupuestal y de gestión". La imposición de la refinería en Dos Bocas, Tabasco, las aportaciones de capital por parte de Hacienda y su constante retórica sobre el "rescate" de la petrolera, son solo algunos ejemplos de cómo nunca fue su plan que Pemex se gestionara de manera autónoma.

- "El gasto público [será] instrumento del desarrollo y crecimiento económico del país". Escuelas olvidadas, hospitales sin los insumos para operar y escasez de medicamentos en todo el país son muestras de que el desarrollo se sacrificó en esta administración para canalizar recursos a las megaobras del presidente.

- Se apoyará a las delegaciones en el extranjero de la Secretaría de Relaciones Exteriores (SRE) y de la agencia promotora de negocios ProMéxico, dice el Proyecto, "las cuales ofrecerán orientación específica para país/región en los sectores de las empresas mexicanas". ProMéxico fue desmantelada y las delegaciones de la SRE se redujeron en número.

- "Existe un área de oportunidad para incentivar el cumplimiento de las obligaciones fiscales". Si bien AMLO logró pasar una ley que eleva los castigos y las facultades del

Estado para ir en contra de los llamados "factureros", hasta la fecha, ni uno solo ha visto la cárcel. La práctica sigue impune.

- "Crear condiciones para que compañías mexicanas, de Estados Unidos y Canadá unan fuerzas y generen productos y servicios que compitan y reemplacen a los que vienen de China, en la zona del TLCAN". AMLO no solo no creó las condiciones para esto, sino que creó las condiciones adversas con su propuesta de reforma al sector eléctrico, el de hidrocarburos y el minero, y su prohibición de la importación del maíz transgénico que viene de Estados Unidos. Ambos socios comerciales iniciaron disputas formales en el marco del Tratado entre México, Estados Unidos y Canadá (T-MEC), el nuevo acuerdo comercial, que resultan costosísimas para México.

- El establecimiento en México de "centros de investigación y desarrollo, diseño y tecnología incorporando talento nacional y extranjero", así como hacer aportaciones de capital al Consejo Nacional de Ciencia y Tecnología (Conacyt). Bajo AMLO, el Conacyt, así como los centros de investigación adscritos a este Consejo, padecieron, primero, una reducción casi existencial de sus presupuestos. Después, se aprobó una reforma para eliminar al Conacyt totalmente y reemplazarlo con el nuevo Consejo Nacional de Humanidades, Ciencias y Tecnologías (Conahcyt) el cual centraliza la investigación.

- "Coordinar esfuerzos" para el "desarrollo e impulso a energías renovables" y "acelerar el cambio tecnológico para la adopción de energías renovables". Las promesas sobre las energías renovables están plasmadas por todo el Proyecto y fueron de las primeras que AMLO rompió al tomar el poder. El Proyecto también propone "trabajar en políticas públicas para reducir el consumo de energía".

- "Poner reglas claras de rendición de cuentas de los reguladores sectoriales". En lugar de hacer esto, debilitó, desacreditó y manipuló —o intentó manipular— a la opinión pública para que se volcara en contra de la Comisión Reguladora de Energía (CRE), de la Comisión Nacional de Hidrocarburos (CNH) y de la Comisión Federal de Competencia Económica (Cofece), entre otros reguladores.
- "La austeridad que se propone no implica… la eliminación de empleos". En sus primeros dos años de mandato, se despidieron a más de 72 000 empleados del Gobierno.[7]
- "Convertir a la banca de desarrollo en un motor para el financiamiento de empresas pequeñas, medianas y de reciente creación, y que reduzca el fondeo para las grandes empresas". La banca del desarrollo no se ha usado, durante el sexenio de AMLO, para impulsar pymes, sino para financiar sus proyectos, como la compra a Shell de la refinería Deer Park en Texas.

Advertencias:

- Posponer, sustituir, cambiar y/o revisar la legalidad de los contratos ya firmados en el sector de energía para "revertir la tendencia de dispersión, privatización, extranjerización y dependencia" observada entre 2014 y 2017. El plan siempre fue regresarle a Pemex y a CFE un monopolio de

---

[7] Jacob Sánchez, "La 4T suma más de 72 mil despidos en dos años" (28 de junio de 2021), disponible en: https://www.elsoldemexico.com.mx/finanzas/la-4t-suma-mas-de-72-mil-despidos-en-dos-anos-6896492.html

Estado, revirtiendo la reforma energética de Enrique Peña Nieto. El Proyecto también propone "abrogar las restricciones legales que le impiden [a las empresas del Estado] competir eficazmente en los mercados energéticos dentro y fuera del país".

- "El rescate del sector energético a través de impulsar la producción nacional de energía (…) y el fortalecimiento financiero y operativo de Pemex y CFE, con la finalidad de reducir la dependencia energética del exterior, para que el sector energético se convierta en una de las palancas de desarrollo de México". Esto incluye un "aumento de los presupuestos de inversión de Pemex y CFE con recursos propios" y la "utilización de Siefores para inversiones de Pemex y CFE". También propone "realizar las inversiones necesarias en Pemex" y "analizar la construcción de otra refinería". Lo que pocos imaginamos es que, como contribuyentes y "accionistas" de Pemex y CFE, no nos ofrecerían la elección entre invertir en educación y salud o pagar una refinería nueva en Dos Bocas, Tabasco. La segunda parte de esta propuesta pertenece a la sección de "promesas rotas", ya que el sector energético no ha sido, durante este sexenio, palanca económica para el país.

- "La construcción del proyecto del Nuevo Aeropuerto de la Ciudad de México (NAICM) no es viable ni técnica ni económicamente, por lo cual se presenta una propuesta alternativa". La alternativa, el Aeropuerto Internacional Felipe Ángeles (AIFA), permanece subutilizado, es demasiado pequeño para satisfacer la demanda de vuelos y no detonó la actividad económica que se estimaba con el NAICM.

- "Crear una instancia nueva que promueva y fortalezca la negociación colectiva por rama de industria… impulsado

SUERTE O DESASTRE

por el Gobierno". Esta advertencia se materializó, aunque sin mucha fuerza, en la creación de una nueva central obrera del controvertido Napoleón Gómez Urrutia, llamada Confederación Internacional de Trabajadores (CIT).

- Se gasta demasiado en "materiales y útiles de oficina", argumenta el Proyecto. Esta advertencia va para quienes pensaban que los servicios de Gobierno serían mejores bajo el mando de AMLO, así como para quienes, entusiasmados, se unieron a la administración pública de la Cuarta Transformación. Desde que López Obrador tomó el poder, empleados de la Secretaría de Hacienda y otras dependencias se quejan de que deben llevar sus propias computadoras y agua y hasta pagar su conexión a internet para poder trabajar en el Gobierno. Mientras tanto, por cierto, la nómina de CFE aumentó, así como sus gastos en materiales y subscripciones. Como ejemplo, está el aumento en terminales de Bloomberg que se compraron bajo la dirección de Bartlett. Cada una cuesta aproximadamente 250 000 dólares al año.
- Crear "muchas empresas del Estado" en diferentes sectores. Durante este sexenio se creó una empresa de ferrocarriles, de internet, una aerolínea y una distribuidora de gas natural, entre muchas otras.

Leer el Proyecto también es interesante porque, en ocasiones, la redacción expone un sinsentido, una falta de lógica y de conocimiento básico sobre sectores, industrias y hasta de conceptos en economía. "Se requiere que responsables de la prospectiva de generación [eléctrica] eviten programar el retiro de centrales termoeléctricas para mantener en operación la capacidad termoeléctrica de tal manera que operen en carga base", dice. La oración

36

es solo uno de los muchos ejemplos sobre lo confuso que es, en general, el Proyecto.

¿Qué le pasó al López Obrador de 2000? ¿Dónde quedó el "extraordinario" jefe de Gobierno por el que millones de capitalinos votaron? La brecha de casi 20 años esconde la clave para entender la desilusión, el desencanto de muchos. En nuestro segundo encuentro, el profesor Urzúa y yo especulamos: ¿habrá sido el golpe psicológico que implica que te roben una elección (como se sospecha y como AMLO asegura que pasó en 2006)? ¿Habrán sido los años de campaña que la oposición emprendió en su contra? ¿Habrá sido su matrimonio?

Las conjeturas son tentadoras; sin embargo, hay un hilo conductor que, durante todas mis entrevistas con expertos —y hasta en conversaciones *off record* con funcionarios en su Gobierno—, nos da una verdadera pista. Hay un desequilibrio entre la alta inteligencia social y el bajo nivel intelectual del presidente que lo lleva al voluntarismo. Es decir, el híperpresidente, esta figura que concentra el poder, toma decisiones meramente por cómo lo hacen sentir y no con base en la evidencia. Cuando, antes de 2006, López Obrador atendía a razones de sus colaboradores, algo cambió, y para 2019, su manera de ser se volvió la imposición de su voluntad.

¿Se puede juzgar al López Obrador de hoy por el López Obrador que fue en el pasado? ¿Se debe? Esa es una discusión filosófica que le encomiendo a cada lector. Lo que queda claro ahora, es que no son el mismo gobernante, y que su herencia económica será muy diferente a la de su tiempo al frente del Distrito Federal.

El sector energético: "El fatídico diciembre"

MAURICIO RINCÓN ES UN MEXICANO COMO POCOS. NACIÓ Y SE CRIO EN la Piedad, un municipio que apenas rebasa las 100 000 personas en Michoacán, cuya actividad económica principal es la industria porcícola. En la preparatoria, Mauricio se fue de intercambio a un pueblo más pequeño que el suyo en Canadá, en donde trabajó en una granja. La experiencia, me cuenta, le abrió su perspectiva del mundo. Regresó a México e ingresó a estudiar administración financiera al Tec de Monterrey en León, Guanajuato. Su primer trabajo profesional fue en Brasil, en una empresa fabricante de carrocerías para autobuses, en donde aprendió portugués. Después fue empleado de una compañía estadounidense de tecnología para finanzas, también en Brasil, antes de regresar a México.

Quizás fue coincidencia que Mauricio empezara a interesarse cada vez más por las energías renovables en el momento en que se discutía la reforma constitucional energética de Enrique Peña Nieto, que prometía impulsar dichas tecnologías. Quizás no. La generación de Mauricio es, después de todo, diferente a la de los *baby boomers*, para quienes un buen trabajo bien pagado es suficiente. Los *millennials* y las generaciones más jóvenes buscan no solo estabilidad financiera, sino que su trabajo contribuya de manera positiva al mundo, y las energías renovables ofrecen esa posibilidad.

Mauricio invirtió en estudios de posgrado tanto en México como en España y sacó diplomados en financiamiento con un enfoque climático en Alemania y Dinamarca. La reforma en México abriría el mercado solar y eólico, y miles de profesionistas especializados como él llegaron al país buscando participar en las subastas de contratos a cargo del Gobierno. Muchos de ellos eran extranjeros, un indicador de que son pocos los mexicanos con el nivel educativo y la experiencia internacional que tenía Mauricio para cubrir esas vacantes. En 2017 comenzó a trabajar en el sector, planificando las finanzas de proyectos mayoritariamente en energía solar, uno de los recursos más atractivos del país. Hasta que llegó al poder López Obrador.

"El fatídico diciembre de 2018", recuerda Mauricio antes de respirar profundo, sentado sobre el sillón de su sala. Ese mes se iba a llevar a cabo una subasta eléctrica, la cuarta desde que pasó la reforma de Peña Nieto, en la que empresas de energías renovables proponían proyectos a cierto precio por megavatio y el Gobierno elegía los mejores postores. "Nosotros teníamos tres proyectos que queríamos meter a la subasta", asegura, "y resulta que nos llegó un correo del Cenace [Centro Nacional de Control de Energía] a las diez la noche anterior diciendo que se cancela".

Esa sería la primera de muchas parálisis en el sector energético mexicano impuestos por la administración de AMLO. Las subastas eléctricas se suspendieron, sin que se ofreciera una clara ruta alternativa para todos los proyectos que durante meses se habían estado preparando para subastarse. Se suspendieron también las subastas de campos de hidrocarburos. Unos meses después, la Comisión Reguladora de Energía (CRE) y el Cenace dejaron de emitir permisos y licencias para operar, incluso a empresas que ya habían cumplido con todos los requisitos. Como resultado, el sector energético, en el cual se habían depositado todas las expectativas para impulsar la economía del país, sufrió un descalabro. Ha sido el más afectado (después del sector salud) bajo López Obrador.

En un memorándum enviado por el presidente a los reguladores del sector —quienes, dicho sea de paso, son autónomos e independientes—, pide "regresar" a la política que aplicaron en su tiempo Lázaro Cárdenas, en los años treinta, y López Mateos a finales de los cincuenta. Esto quiere decir una política en la que el centro y monopolio es el Estado. En los treinta se expropiaron las empresas petroleras extranjeras, y en los cincuenta, las de electricidad. Pero la expropiación en México era impensable desde que se integró al bloque comercial que fue el Tratado de Libre Comercio de América del Norte (TLCAN), hace más de 20 años, el cual se renombró T-MEC en 2018.

"Invertiste tanto tiempo y recursos en especializarte en esto. Le apostaste a las renovables en tu país", le dije a Mauricio, "¿cómo te sientes ahora?".

"Da mucho coraje", me responde, "hay cosas que obviamente son mejorables, cosas que a lo mejor él [López Obrador] quiere impulsar, y está bien. Pero lo que da coraje es cómo lo hacen, la incertidumbre que crean y cómo afectan a la gente solo por un tema ideológico". Mauricio ahora trabaja de manera remota, para un fondo de inversión canadiense, en la planificación financiera de sus proyectos de energías limpias en Costa Rica. En México se cerraron las buenas oportunidades de trabajo para él.

Hay muchos mitos en torno a la reforma energética de Peña Nieto. Uno de ellos es que fue la primera en permitir la participación de empresas privadas en el sector. Quizás muchos de nosotros no sepamos que, antes de que llegara al poder Carlos Salinas de

Gortari, en 1988, los mexicanos sufrían apagones constantes y estos se volvieron menos recurrentes cuando se permitió a empresas privadas operar bajo figuras de cooperación con el Gobierno. "Salinas abre el sector eléctrico, empieza a cambiar la ley del servicio público, donde genera las figuras de autoabasto, donde genera la figura de cogeneración, donde dice 'el servicio público queda a cargo del Estado, pero el Estado no es capaz de responder a la demanda', y reconoce que había un problema de falta de recursos", explica Eduardo Prud'homme, maestro en Economía por el Colegio de México (Colmex), funcionario de la CRE durante 14 años y ahora consultor independiente.

Los noventa fueron un tsunami de ideas en todo el mundo, recuerda Prud'homme, y México no estuvo exento de tal impacto. Cuando cayó el muro de Berlín, México se consideraba un ejemplo latinoamericano del modelo de economía mixta más parecido al de Europa del Este que al occidental. "La caída del muro es el triunfo del capitalismo, Fukuyama declara el fin de la historia", dice el especialista, "creo que no hay que perder de vista que, en ese momento, con ese ímpetu liberador, Salinas logró convencer al gran grueso de la población de que ese era el paso necesario para un futuro mejor. Eso es la diferencia de las reformas distintas: en donde Peña falló, Salinas sí vendió un futuro".

Pero quedaban muchos huecos por rellenar, y en 1994, la crisis financiera por la devaluación del peso, conocida como "el efecto tequila", puso las finanzas del país y, por lo tanto, de las empresas, en aprietos. El discurso del siguiente presidente, Ernesto Zedillo, fue que el Estado no tenía dinero ni capacidad para hacerse cargo del sector energético, por lo que era necesario abrirse un poco más. Zedillo empezó a pasar excepciones a la ley reglamentaria que le daba el monopolio a Pemex en la propiedad de hidrocarburos. Las excepciones, apunta Prud'homme, fueron la distribución

y el transporte del gas natural y el gas licuado de petróleo, conocido como gas LP.

Al mismo tiempo, los problemas de la contaminación del aire
de la Ciudad de México, generado en gran parte por la refinería que existía en Azcapotzalco, obligaron al Gobierno a reconocer que los combustibles que se utilizaban en el país eran demasiado
sucios. Esto impulsó el mercado del gas LP, el cual se ofertó como
una alternativa a la gasolina de Pemex, sobre todo en autos viejos,
los más contaminantes.

Zedillo también fue el primero en cambiar a Pemex: pasó
de ser una empresa conformada por políticos de carrera, a ser
una empresa más tecnocrática, recuerda Prud'homme, quien trabajó para la petrolera en esa época. "Había mucho consultor de
empresas extranjeras viniendo, y sí, venían a decirte cómo hacer
las cosas porque, en ese sentido, México era contemporáneo a las
ideas. Temas como costos marginales, eficiencia y tarifas, eran temas técnicos, y se necesitaron a McKinsey, al Banco Mundial, a
PricewaterhouseCoopers, por ejemplo, y esa es una de las quejas
de la gente de AMLO hoy".

En 1997 llegó el primer congreso de oposición al PRI en la
historia, y Zedillo no logró pasar sus propuestas para privatizar
la industria petroquímica y partes de la generación eléctrica, sectores que él consideraba que se estaban quedando atrás por estar
a cargo del Estado. Pero la semilla tecnócrata ya estaba plantada
en Pemex y, con ella, crecieron las tensiones socioeconómicas entre los nuevos gerentes que traían consultores extranjeros, con
quienes hablaban inglés, y los ingenieros que operaban las refine-
rías y plataformas. "Entre esos ingenieros está Rocío Nahle", dice
Prud'homme, sobre la actual secretaria de Energía y campeona
del discurso antiprivatización. La cultura de la empresa cambió
cuando llegaron jóvenes egresados del Colmex y del Instituto

Tecnológico Autónomo de México (ITAM), con una visión empresarial, a tomar las decisiones que los ingenieros debían acatar. Las ganas de cierto grupo en el poder —y de cierta parte de la población— por revertir los cambios neoliberales, se gestaron, en gran medida, dentro de Pemex.

Vicente Fox tomó el poder en el año 2000, y durante su mandato, intentó pasar una reforma eléctrica que hubiera creado un mercado, retomando algunas de las ideas de Zedillo para otorgar a privados permisos de generación de electricidad. Pero la iniciativa murió en el Congreso cuando el PRI la bloqueó. En ese momento, quedó claro que una reforma al sector energético era tan urgente y central para las finanzas del Gobierno, que su valor como ficha política era muy alto. ¿Cómo puede ser que el mismo partido que propuso, unos años antes, las mismas reformas, ahora lo bloqueara? "Fue el inicio de este juego perverso que vimos por años y años y ese fue el gran logro de Peña," adelanta Prud'homme, "que rompe ese juego con el Pacto por México".

Después de Fox, llegó Felipe Calderón, quien tenía ambiciones similares respecto a abrir el sector en varios frentes, pero solo logró pasar algunas modificaciones. Entre ellas, destacan las nuevas facultades que le dio a la CRE en materia de energías renovables y las modificaciones a leyes reglamentarias que le permitieron a Pemex contratar servicios de empresas privadas. Pero pintó una raya: los privados no pueden invertir en exploración o producción de hidrocarburos ni compartir las rentas petroleras del país. Además, esta posibilidad de firmar contratos de hidrocarburos con terceros dejó fuera al resto del sector; es decir, al gas natural y la electricidad. Calderón también creó por decreto la Comisión Nacional de Hidrocarburos (CNH), aunque con poco colmillo y facultades para sancionar.

En 2013, Peña logró que líderes de los tres partidos más grandes firmaran el Pacto por México, comprometiéndose a votar a favor de las reformas estructurales que cambiarían de manera importante no solo el sector energético, sino el de telecomunicaciones, educación y financiero. Algunas de las ideas centrales de su iniciativa energética venían de Calderón, pero la reforma fue mucho más allá, cambiando la Constitución en materia de inversión nacional y extranjera y creando un mercado de energías renovables completamente nuevo, basado en subastas públicas que garantizarían precios bajos para los consumidores.

La reforma de Peña no fue la primera en permitir que los privados participaran en el sector, pero sí fue la única que abrió el sector de manera amplia y determinó un sistema de regalías y utilidades en beneficio del Estado. A diferencia de lo que dijo la oposición, la reforma mantiene la propiedad sobre los hidrocarburos en el subsuelo —incluyendo el gas natural— en manos del Estado. La reforma de Peña obligaba a las empresas privadas que querían participar en el sector, a pagar al Estado mexicano una cuota por exploración, una proporción de sus utilidades y regalías. En esencia, lo que el Gobierno de Peña reconoció, fue que Pemex no estaba en las condiciones financieras ni tenía la capacidad técnica para aprovechar todos los recursos del país, y abrió la puerta a los privados para que ellos invirtieran el capital siempre y cuando compartieran parte de sus réditos.

AMLO no miente cuando dice que los Gobiernos pasados casi quebraron a la petrolera. Un análisis de académicos de la Universidad Autónoma de Chiapas muestra cómo,[1] por décadas, el

---

[1] Sovilla, B.; Gómez-Ramírez, E.; Sánchez-Pérez, M., "La reforma energética y el problema petrolero en México" (2021), disponible en: https://doi.org/10.22430/24223182.1631

Gobierno mexicano hipotecó a Pemex. En 2008, la deuda total de la empresa equivalía a 35% de los ingresos corrientes totales (ICT), y para 2016, superaba el 120%. Mientras tanto, la tasa impositiva se mantuvo estable, obligando a la paraestatal a pagar impuestos sobre sus réditos antes de cumplir con los pagos de deuda.

Deuda total e impuestos, derechos y aprovechamientos pagados de Pemex

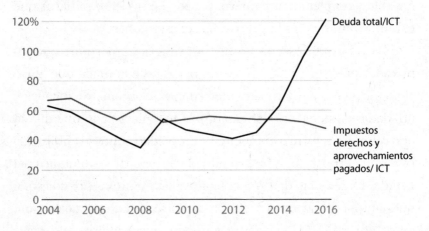

Fuente: Sovilla, B.; Gómez-Ramírez, E.; Sánchez-Pérez, M. (2020) La reforma energética y el problema petrolero en México

Esta es la causa real del debilitamiento de Pemex. Ninguna de las administraciones aquí mencionadas tuvo la voluntad política de liberar a la empresa y permitirle reinvertir sus ganancias en mejores tecnologías para explorar y producir, esto me lo explicó en una entrevista, en 2020, Jesús Reyes Heroles, doctor en Economía, director general de la paraestatal de 2006 a 2009 —durante la administración de Calderón— y exsecretario de Energía. De haberlo hecho, su situación financiera no hubiera alcanzado estas graves proporciones y sus capacidades técnicas no estarían rezagadas en comparación con las grandes petroleras del mundo.

"Como nunca se ha querido a Pemex como un causante nor- mal en la parte del ingreso sobre la renta, el resultado es ponerle impuestos de más durante muchísimo tiempo. ¿Y de dónde sacaba Pemex recursos para pagarle a Hacienda? De la deuda", dijo Re- yes Heroles —bajo su dirección, Pemex redujo sustancialmente su deuda en proporción de sus ingresos, aunque después, otras administraciones volvieron al desorden.

Ante este escenario, la solución que planteó Peña fue pragmá- tica: que otras empresas trajeran su tecnología y *expertise* a cambio de un permiso para producir petróleo; que algunas lo hicieran en asociación con Pemex y que el Estado recibiera una buena tajada de los réditos.

AMLO miente cuando dice que se debe "rescatar" a Pemex. Para convertir a Pemex en la fuerza petrolera que alguna vez fue (como sugiere el uso de la palabra "rescatar"), se requeriría una inversión mucho más alta que la que el Gobierno Federal tiene capacidad de realizar. En 2001, la petrolera produjo 3.5 millo- nes de barriles de crudo diario.[2] En 2010, produjo 2.5 millones,[3] y en 2021, 1.736 millones.[4] En 20 años, su producción ha caído a menos de la mitad. "Estás hablando de que la empresa ahora es la mitad del tamaño que era en aquellos años", dijo Reyes He- roles. "Cuando yo entré a Pemex de director, acepté el nombra- miento porque creía que era posible mejorar sustancialmente el

---

[2] Resistencia, "Petróleo en México 2001" (diciembre 2021), disponible en: http://www.oilwatchsudamerica.org/doc/paises/mexico/mexico2001esp.pdf

[3] Reuters, "Cae en 2010 la producción petrolera de Pemex" (26 de enero de 2011), disponible en: https://www.eleconomista.com.mx/empresas/Cae-en-2010-la-produccion-petrolera-de-Pemex--20110126-0048.html

[4] Reuters, "Mexico's Pemex oil output rises 3% in 2021, misses target" (28 de enero de 2022), disponible en: https://www.reuters.com/article/mexico-pe-mex-idUSL8N2U861G

desempeño de la empresa y su fortaleza operativa y financiera. Hoy, no estoy seguro", dijo.

El boom de Pemex se debió al descubrimiento del pozo Cantarell en 1979, el cual generó enormes riquezas durante 12 años. Pero los campos de petróleo no son infinitos, y hoy, ante la ausencia de otro Cantarell, Pemex tendría que innovar en tecnología para aventajar a la competencia. Eso requeriría un nivel de conocimiento técnico sofisticado, algo que López Obrador rechaza por completo. Recordemos que, como apuntó Prud'homme, la actitud antitecnócrata, anticonsultores expertos y antivisión empresarial, se gestó en Pemex entre ingenieros como Nahle.

La actitud de la Cuarta Transformación es equiparar la tecnocracia con el clasismo. López Obrador eligió de director general de Pemex a un ingeniero agrónomo que poco ejerció como ingeniero, ya que ha dedicado su vida a la política. Octavio Romero Oropeza despidió a gran parte de los técnicos tan pronto tomó la dirección. Lo mismo ha sucedido con los órganos reguladores del sector, los cuales habían tardado años en construir equipos con alto conocimiento técnico en electricidad e hidrocarburos. Mientras las grandes petroleras del mundo, privadas y públicas, llevan décadas modernizándose —y, ahora, transformándose en empresas de energías renovables—, Pemex lleva años rezagándose y esta brecha de competitividad no se cierra solo con dinero, sino con dinero invertido en los profesionales mejor calificados del mundo.

Finalmente, una razón más por la que Pemex no necesita un rescate, es porque el esquema de beneficios al Estado que la reforma de Peña había puesto en marcha, hubiera generado réditos a Pemex sin tener que invertir tanto, particularmente a través de *farmouts*. Estas asociaciones estratégicas consistían en que Pemex cedía parte de un campo a una empresa privada. Esta invertía en exploración y, de encontrar recursos para producción, debía pagar a Pemex una regalía. López Obrador paralizó los *farmouts* ya firmados y suspendió los que faltarían por firmar.

El momento más crítico llegó en abril de 2021, cuando López Obrador envió al Congreso una iniciativa de reforma al sector de hidrocarburos que pretendía darle al Estado el poder de asumir el control de las instalaciones de empresas privadas en nombre de la soberanía y seguridad energética. Es decir, ambiguamente le abría la puerta a la expropiación. Dos jueces frenaron la ley por ser inconstitucional. Mientras tanto, de acuerdo con fuentes que permanecerán anónimas, empresas que durante el sexenio anterior abrieron gasolineras en todo el país, comenzaron a recibir intimidaciones para cerrar. Dos de ellas se acercaron a una cámara empresarial pidiendo que se dialogara con el Gobierno, ya que las entradas a sus establecimientos estaban siendo bloqueadas por elementos de la Guardia Nacional para ahuyentar a los clientes e intimidar a los empleados. En un caso documentado,[5] la empresa Monterra Energy, creada en México por el fondo estadounidense KKR a partir de la reforma en 2013, anunció que demandaría al Gobierno Federal porque la CRE cerró de manera arbitraria sus instalaciones. La empresa informó también sobre la presencia de la Guardia Nacional.

En materia de electricidad, la reforma de Peña dejó en manos del Estado la transmisión y distribución, pero permite a privados generarla y le da acceso libre a la red nacional de transmisión. "Uno de los grandes retos que enfrenta el sector es la falta de inversión en la red nacional de transmisión eléctrica. Se requiere incrementar el mallado e interconectar zonas del país con alto

---

[5] Jon Martín Cullell, "Una empresa energética amenaza con demandar a México por 667 millones de dólares" (21 de febrero de 2022), disponible en: https://elpais.com/mexico/2022-02-22/una-empresa-energetica-amenaza-a-mexico-con-una-demanda-por-667-millones-de-dolares.html

potencial de energías limpias", dice el resumen ejecutivo de la reforma.[6] De nuevo, el tema recurrente es la falta de recursos del Estado para mantener el monopolio energético. Quienes apoyan el plan de AMLO de regresarles el control absoluto a la CFE y Pemex argumentan que no hay dinero porque los políticos y funcionarios se lo roban. Esto es altamente probable. No es ilusorio o paranoico pensar que la reforma energética generó muchas oportunidades para que los funcionarios recibieran sobornos y se hicieran ricos abusando de su poder, como sucedió con Emilio Lozoya y el caso Odebrecht (y muy probablemente el de WhiteWater Midstream, del cual hablaremos en el capítulo 8). Pero, a diferencia de lo que prometió AMLO, la corrupción no se erradica de un día para otro. La corrupción tampoco se elimina dándole más poder y más recursos al Estado. (Admitamos, también, que la posibilidad de erradicar la corrupción en México es, en sí, materia de debate).

¿Qué pasa mientras tanto? En mayo de 2022, el Cenace advierte que vienen apagones,[7] no solo porque la red requiere de más inversión, sino porque los pleitos legales con las empresas privadas que comenzaron a operar bajo la administración anterior generaron rezagos operativos. Regresan los apagones que, en 1988, Salinas de Gortari quiso resolver. El plan de AMLO no es revertir la reforma energética del Gobierno anterior, es revertir todas las reformas hechas en casi 30 años de Gobierno.

---

[6] "Reforma energética", disponible en: https://www.gob.mx/cms/uploads/attachment/file/164370/Resumen_de_la_explicacion_de_la_Reforma_Energetica11_1_.pdf

[7] Diana Gante, "Anticipan apagones; ya culpan a privados" (24 de mayo de 2022), disponible en: https://www.reforma.com/anticipan-apagones-ya-culpan-a-privados/ar2407875

Después de que Bartlett cuestionara la viabilidad y bondades de las energías renovables, López Obrador se lanzó en un ambicioso proyecto de energía solar llamado Plan Sonora. Lo puso en manos de uno de sus aliados más cercanos, Alfonso Durazo, y aseguró que habría una inversión de 13 000 millones de dólares para instalar el parque solar más grande de Latinoamérica. Para agosto de 2023, Durazo había llevado a periodistas internacionales y diplomáticos de Estados Unidos y Europa al área en donde se desarrollaría el proyecto. No está claro de dónde saldrá el dinero. Ningún país extranjero se ha comprometido a invertir, y AMLO ya le había encargado el proyecto a su sucesor.[8]

Para 2018, la reforma energética de Peña ya había "apalabrado" 175 000 millones de dólares en inversión de proyectos de hidrocarburos y electricidad. Parte de este dinero comenzó a derramarse en la economía a finales del sexenio pasado, pero la incertidumbre en torno a las leyes secundarias de la reforma, la lenta implementación y, finalmente, la victoria electoral de López Obrador, la frenó.

Este es el tamaño del hueco que López Obrador dejó en el sector energético, el cual se había preparado para ser el motor de la economía. México nunca sabrá cuántas de las promesas de Peña Nieto se hubieran materializado si se hubiera seguido con el plan. Lo que sí se sabe, con certeza, es que el daño tardará mucho tiempo en repararse.

---

[8] Emir Olivares y Alonso Urrutia, "Pedirá AMLO a su sucesor impulsar el Plan Sonora" (4 de julio de 2023), disponible en: https://www.jornada.com.mx/notas/2023/07/04/politica/pedira-amlo-a-su-sucesor-impulsar-el-plan-sonora/

La famosa incertidumbre: inversión o "castigo"

ERA MI PRIMERA SEMANA REPORTEANDO DESDE LA CIUDAD DE MÉXICO para *Bloomberg News* y el peso mexicano caía moderadamente. Llamé a un *trader*, en Nueva York, para preguntar qué pasaba, y me respondió, muy amablemente, "es incertidumbre". No había pasado nada en particular para explicar la caída y tampoco era un desplome espectacular, por lo que le pedí un comentario *on the record* y colgué. Acto seguido, llamé a mi editor, también en Nueva York, para decirle que escribiría que la incertidumbre estaba impactando al peso. Su respuesta me sorprendió y la recuerdo así: "Regla número uno de Bloomberg cuando escribas sobre mercados", me interrumpió, "la incertidumbre no es una explicación válida nunca. Incertidumbre hay siempre. Incertidumbre es todo y es nada y no explica por qué inversionistas salen o entran de cierto mercado. Llámalo de vuelta y pídele que te explique a qué se refiere exactamente".

Pronto entendí por qué esta era una regla de la casa. Analistas y empresarios suelen decir que no invierten en algo porque hay mucha incertidumbre. Esta es, en muchas ocasiones, una fachada que esconde miedos a cosas más concretas.

A los banqueros les encanta decir que el mercado corrige todo y es el sistema de información que más nos acerca a una competencia perfecta de la cual se beneficia el consumidor. Esto puede ser cierto, pero no es la razón por la que fondos de inversión y bancos hacen apuestas en los mercados globales. Su trabajo —de los mejores pagados en el mundo— es invertir el dinero de sus clientes y multiplicarlo. Para lograrlo, necesitan tener información certera (y si es privilegiada, mejor) sobre algo que pasará en el futuro; por ejemplo, un negocio que funcionará, un Gobierno que colapsará o una legislación que pasará. ¿Cómo es que normalizamos dejar en una casa de apuestas nuestro patrimonio y pensión? No lo sé, pero sospecho que es porque no hay una alternativa mejor.

Hay otra manera mucho más útil de entender los mercados: son la materialización de nuestras emociones. Los mercados financieros son la línea que va del pánico a la elación en segundos, con millones de dólares de por medio. A pesar de que gran parte de las compras y ventas se han automatizado, los algoritmos que mueven el dinero están diseñados por seres humanos para responder, más o menos, como lo haría un ser humano. Con esta perspectiva, es más fácil entender por qué la incertidumbre es tan negativa: es natural sentir ansiedad cuando, de repente y sin previo aviso, lo que pensabas saber del futuro resultó ser equivocado y ahora tienes que recalibrar. Ese *trader* en Nueva York no estaba seguro de por qué el peso mexicano caía ese día, pero tenía que ser por incertidumbre, aunque no supiera exactamente qué fue lo que generó esa incertidumbre.

(Después de un rato de plática *off the record*, muchos *traders* confiesan que no siempre saben por qué el precio de algo sube o baja. A veces solo están surfeando la ola del momento para ver a dónde los lleva. También les encanta decir que los mercados no siguen lógica alguna).

AMLO generó tremenda incertidumbre el 28 de octubre de 2018 cuando, antes de tomar el poder, canceló la construcción del Nuevo Aeropuerto Internacional de la Ciudad de México (NAICM), la cual ya había comenzado. El precio original de 14 000 millones de dólares había levantado sospechas desde que se aprobó en 2014,[1] ya que era más caro que el de Beijing, el más grande del mundo. Auditorías hechas entre 2017 y 2018 expusieron serias irregularidades y, en lugar de iniciar una investigación y enjuiciar a los responsables, López Obrador canceló el proyecto.

Como suele suceder, los mercados financieros fueron los primeros en reaccionar. La idea que los inversionistas tenían de AMLO y del futuro de México cambió en un instante. Si los inversionistas le habían dado a AMLO el beneficio de la duda, se lo arrebataron tras la cancelación. *Traders* reaccionaron vendiendo sus posiciones en activos mexicanos, lo que derivó en una fuerte depreciación de la moneda y una subida acelerada de las tasas de interés a pagar por un bono de deuda soberano. "¿Nadie nota lo vil que es tener que andar complaciendo a los mercados?", dijo en redes sociales una seguidora de López Obrador, molesta por el desplome. "¡Ápa mundito que nos hemos construido!", sentenció. El primer día de la consulta de opinión en la que López Obrador preguntó a 1.22% del electorado mexicano si el NAICM debía continuar, el 26 de octubre de 2018, el dólar costaba 19.34 pesos. Una vez anunciada la decisión, el peso depreció durante un mes. Para el 23 de noviembre, un dólar costaba 20.39 pesos. Es decir, una depreciación de 5 por ciento.

Coincido en que los incentivos que pone el mercado pueden ser perversos (y, repito, estos asemejan una casa de apuestas); sin embargo, estas son las estructuras a los que nos adherimos

---

[1] Martin Echenique, "Critics Take Aim at Mexico City's Wild New Airport" (3 de mayo de 2018), disponible en: https://www.bloomberg.com/news/articles/2018-05-03/mexico-city-s-new-international-airport-is-pretty-nuts

voluntariamente. Nadie obligó a México a emitir bonos ni a dejar que su moneda cotice 24 horas al día, cinco días de la semana, en bolsas de todo el mundo. Esta fue una decisión que se tomó porque los beneficios de poder financiarse a bajas tasas de interés y de tener una moneda que absorba los choques impredecibles, son mayores que los perjuicios —si no lo creen, miren a Argentina—. Quien toma el poder no empieza en cero, empieza en donde lo dejó su antecesor y, México, por décadas, ha estado integrado al sistema financiero global. No podemos, de un día para otro, denunciar este hecho porque no nos gustan las consecuencias.

La reacción de los mercados refleja, en un primer nivel, desconfianza en que México pueda —o quiera— cumplir el pago de su deuda. En un segundo nivel, refleja una incertidumbre mucho más profunda que vale la pena analizar: la de los industriales.

La cancelación del aeropuerto confirmó las sospechas que tenían algunos empresarios sobre AMLO, ya que mandó tres estridentes mensajes: él no respeta acuerdos previos con el sector privado, no le importa malgastar recursos públicos con tal de imponer su voluntad y no le importa —o quizás no quiso creer— el daño económico que la cancelación tendría. Un economista mexicano, estudiante de doctorado en la Escuela de Economía de París, se propuso cuantificar este daño. El resultado es devastador.

Cuando Luis Guillermo Woo-Mora aprendió sobre el método econométrico llamado "control sintético" que se utiliza para evaluar el impacto, se propuso utilizarlo para descubrir, en la medida de lo posible, cómo cambió la decisión de AMLO a la economía. Woo-Mora construyó un "México sintético", algo similar a un México en el multiverso, en una línea del tiempo en la que la cancelación nunca sucedió, el cual está conformado por datos de actividad económica de diferentes países, en diferentes proporciones, que recrean de la forma más similar posible el comportamiento general de la economía mexicana. Al extenderla en el tiempo, encontró que el Producto Interno Bruto (PIB) per cápita del "México sintético", hasta principios de 2022, es 10% más alto que el del México observado —el real—. "Las diferencias que veo entre México y el 'México sintético' se pueden atribuir al efecto de la cancelación", explicó el joven economista, quien ganó el primer lugar del premio Manuel Espinosa Yglesias, del CEEY, Centro de Estudios Espinosa Yglesias, en la categoría de artículo de investigación por este trabajo.

"Lo que encuentro a través de todos estos diferentes modelos y especificaciones es que, a partir de la cancelación, la economía empieza a decrecer, y justo antes del covid, ya vemos un efecto que existe entre 0.5% y 4% menos de crecimiento del México observado versus el 'México sintético'", dice Woo-Mora. Esto fue antes del choque histórico que representó la pandemia. El resultado, entonces, sería que entre 2018 y 2021 existen políticas que disminuyen el PIB per cápita en esa magnitud, siendo la cancelación del aeropuerto una de esas políticas relevantes. Lo más impactante de ese resultado, me explicó Woo-Mora en correspondencia, es que la afectación estimada por estos tres años es similar al resultado que otros investigadores han encontrado para Gobiernos populistas en un periodo de 15 años.

Quejarse en redes sociales de las pésimas condiciones en las que opera el actual aeropuerto de la capital se ha vuelto símbolo de prestigio, algo de lo que solo se quejan los "whitexicans" que viajan en avión. El propio López Obrador llamó al NAICM una obra "faraónica", por lo que muchos todavía creen que su construcción hubiera beneficiado solamente a los más ricos. El trabajo de Woo-Mora revela lo contrario.

"Me interesaba también saber que, si bien vemos que el barco se hunde, ¿se hunden todos en el barco? A través de la distribución de ingreso, veo quiénes ganan más y quiénes pierden más. Sucede que, antes de la cancelación, las personas que son más pobres, las que están abajo en la distribución, ganaban más dinero, y después de la cancelación, son los que pierden más dinero, comparado con la gente más rica. Entonces, la cancelación *per se* no solamente afecta a México como economía o a los más ricos, sino afecta a todos", asegura. Además, con base en datos de multimillonarios mexicanos recopilados por Woo-Mora, el economista encontró que el efecto de la cancelación en su riqueza es nulo. "Esto es interesante porque esta decisión se supone que era contra las élites, y vemos que los que pierden en la mayor parte son los pobres y los multimillonarios no tienen ningún problema", apunta.

"A lo mejor podemos argumentar que es difícil atribuirle al NAICM toda esa diferencia y podemos hacer diferentes chequeos para ver si sí es o no", dice Woo-Mora, "pero, en principio, vemos que las tendencias entre estas dos unidades se empiezan a separar desde ese punto".

Los mercados reaccionaron rápidamente a la cancelación del NAICM ese noviembre, pero los empresarios llevaban meses de parálisis, gastando solo lo necesario para operar, congelando nuevos proyectos e inversiones, mientras esperaban saber más de cómo gobernaría AMLO. De acuerdo con datos del INEGI, la inversión privada, es decir, el dinero gastado por empresas para construir fábricas, plantas generadoras de electricidad y granjas, o para contratar más empleados, etcétera, comenzó a bajar desde julio del mismo año. Una vez cancelado el NAICM, la caída en la inversión se acentuó.

Si el trabajo es el aceite que permite que el motor de la economía siga su marcha, la inversión es el combustible. Sin el dinero de las empresas, no hay crecimiento económico en ningún país, porque un Gobierno no puede generar por sí solo todos los empleos

Inversión total como % del PIB
■ Pública ■ Privada

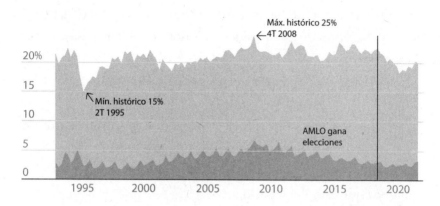

Fuente: *México ¿Cómo vamos?* con información del INEGI

que se necesitan, ni satisfacer la demanda de consumo. Sin los planes de expansión de empresas, no hay nuevos empleos ni innovación. Sin sus réditos, no hay impuestos que, a su vez, permiten que el Gobierno funcione. Es difícil exagerar la importancia de la inversión del sector privado, y cuando AMLO ganó las elecciones, el sector cerró la cartera.

"Yo diría que trastocó los intereses", me dijo una mañana Ignacio Martínez, doctor en economía y profesor de la Universidad Nacional Autónoma de México (UNAM), mientras desayunábamos. Martínez es uno de los fundadores del Laboratorio de Análisis en Comercio, Economía y Negocios (LACEN) de la universidad, y conoce, desde hace muchos años, a López Obrador. No es su asesor, no me queda claro si es su amigo, pero Martínez asegura que se reúne con él de manera informal con cierta regularidad.

La cancelación del aeropuerto, así como la política energética, vinieron después a echarle más leña al fuego de la incertidumbre, admite Martínez, pero la moneda se recuperó de aquella depreciación, indicación de que los flujos de capital financiero no se vieron afectados más que momentáneamente.

—Estas decisiones no afectaron el flujo, pero sí afectó la inversión en el sentido de que trastocó los intereses de empresas —dijo el especialista.

—¿Usted cree que la inversión cayó como castigo al nuevo Gobierno? —le pregunté.

—Así es —me respondió—. Ahí es donde se refleja que se invirtió lo mínimo. Se sigue invirtiendo lo mínimo.

—Pero ¿AMLO sabía que esto iba a pasar? Yo creo que todos sabíamos que esto iba a pasar.

—Sí.

—¿Y no le importó?

—No.

—¿Y le parece que esto fue una decisión acertada? ¿O considera que es muy pronto todavía para saber?

—Para los fines de López Obrador, fue acertada en el sentido de que este dio un golpe de timón sin enderezar el rumbo con base en su proyecto —respondió Martínez.

Durante seis meses, llamé y envié mensajes a la persona a cargo de comunicación del Consejo Coordinador Empresarial (CCE) pidiendo una entrevista con el nuevo presidente, Francisco Cervantes. El CCE conglomera a casi un millón y medio de empresas, y habla en representación de todo el sector privado. Su influencia es enorme. El antecesor de Cervantes, Carlos Salazar, me tomaba la llamada regularmente y, aunque no siempre le gustaban mis preguntas, las respondió de manera accesible, con información a la mano y con elocuencia. Yo no entendía por qué ahora, bajo Cervantes, la comunicación se había cortado. La mañana del 7 de noviembre de 2022, mientras me tomaba mi primer café del día, me llegó una invitación a un evento en la colonia Nápoles al que asistiría Cervantes. Clic. Confirmé mi asistencia.

Cervantes me encontró al pie del escenario, esperándolo, al terminar su intervención. "Llevo seis meses pidiendo una entrevista y no me la conceden, entonces vine a verlo, ¿cómo ve?", le dije. Se rio y muy amablemente me invitó a su oficina en Polanco después del evento, en donde tuvimos una conversación intensa y franca. Hablamos de la desigualdad, de lo que estaba pasando tras bambalinas en la relación bilateral México-Estados Unidos, de la fama que tienen los empresarios de derechistas ultracatólicos y hasta del aborto. Pero no puedo escribir nada del tema, porque eso quedó estrictamente *off record*. Y esta es una gran parte del problema.

En ataques incendiarios y directos, López Obrador hizo del empresariado su blanco predilecto porque son la víctima perfecta. Un puñado de multimillonarios concentra más riqueza que el grueso de la población, pero sus rostros son tan desconocidos como sus ideologías. El gigante de la minería, Germán Larrea, uno de los hombres más ricos del mundo, es famoso por no dejarse retratar por los medios. Si bien muchos reconocemos el rostro de Carlos Slim, quien alguna vez fue el hombre más rico del mundo, muy pocos saben a qué causas dona su dinero, o qué piensa de la homosexualidad, por ejemplo. Nadie sabe cómo piensan los grandes industriales. El empresariado en México es un concepto oscuro y abstracto al que se le puede adscribir cualquier calificativo, un ente sin forma que nadie va a salir a defender. Que no se sorprendan cuando llegue un líder populista a llenar ese vacío con epítetos como "hipócritas", "minoría rapaz" y "mafia del poder", para crear al villano perfecto en su victimismo permanente.

Yo no suscribo que los empresarios dejaron de invertir como castigo a López Obrador. Cuando un empresario ve una oportunidad para ganar dinero, la toma; esa es su razón de ser empresario. Durante la presidencia de AMLO, y de acuerdo con datos del Instituto de Comercio Exterior (ICEX) —la agencia española de inversiones y exportaciones—, las empresas mexicanas incrementaron sus inversiones en España, por ejemplo. Las empresas van a donde hay garantías, a donde hay certeza. José Luis de la Cruz, doctor en economía, director del Instituto para el Desarrollo Industrial y el Crecimiento Económico (IDEC) y presidente de la Comisión de Estudios Económicos de la Confederación de Cámaras Industriales de los Estados Unidos Mexicanos (Concamin), dice que la inversión fluye como fluye la relación "social" entre el sector privado y el público.

"Lo que existe es una relación social que va a depender de ambos lados, el que esta relación sea de confianza para, en un momento dado, permitir que fluya la inversión", me dijo de la Cruz en una videollamada. Esta relación cambió por completo con la llegada de López Obrador, dice de la Cruz, y los empresarios no están considerando invertir durante este sexenio. "Lo que estamos viendo en México es un compás de espera que obedece a que el vínculo, la relación social, se modificó, y en donde los agentes están esperando que se defina claramente cuáles van a ser las reglas del juego para los siguientes 10, 20 años".

Mi impresión es que los empresarios en México —y en toda América Latina, con énfasis especial en Chile— están aferrados al pasado, peleando con uñas y dientes por mantener el *statu quo* que les permite negociar en privado, sin rendir cuentas, y repartirse los réditos del país como les convenga. No hace mucho, por ejemplo, las empresas cerveceras mexicanas se dividían al país como si fueran rebanadas de un pastel. La cerveza que podías tomar en Mérida no la conseguías en Monterrey y viceversa porque, en lugar de competir por ofrecer la mejor cerveza al mejor precio, las empresas llegaban a un acuerdo y se dividían el mercado. Esto, por cierto, es lo que hace un cártel. Las cosas han ido cambiando muy lentamente, en parte porque México se integró a Estados Unidos y Canadá, lo que forzó la competencia —los empresarios mexicanos fueron los primeros en oponerse al tratado de libre comercio de 1994, aunque ahora lo defiendan—. Han cambiado, también, por reformas a la ley pasadas por las diferentes administraciones en varios sectores, así como por la creación de los órganos reguladores que, aunque son imperfectos y tienen poco poder, han impulsado la transparencia en los negocios.

Los empresarios mexicanos también están aferrados a trabajar en la opacidad, mientras la tendencia a nivel global corre en la dirección opuesta, sobre todo en países desarrollados, en donde los empresarios son cada vez más vocales. En Estados Unidos, por ejemplo, está Mark Cuban, quien abiertamente se declara de centro derecha y un conservador en lo fiscal. Jamie Dimon, director general del banco de inversión más grande del mundo, JP Morgan Chase, regularmente ofrece entrevistas en donde habla sobre todo tipo de temas. Los directivos son ciudadanos, y sus empleados, sus consumidores y sus compatriotas quieren saber qué piensan.

Lo que Cuban y Dimon entienden también es que, si no hablan, otros lo harán por ellos. Es fácil asumir que todos los empresarios son iguales, y si los únicos que hablaran fueran Donald Trump y Elon Musk, al resto se les pintaría del mismo color. En México, el vacío es casi total —a excepción del controvertido Ricardo Salinas Pliego, de Grupo Salinas— y López Obrador supo llenarlo. Ahora la batalla de los empresarios para tener control de su imagen es cuesta arriba y no ayuda que sus representantes electos, como Cervantes, no se sienten a tener conversaciones difíciles, *on the record*, con la prensa.

La realidad es que, detrás de la cansada narrativa de la incertidumbre que recitan los voceros y representantes del sector privado, están los miedos de los empresarios. Estos miedos habitan un espectro muy amplio: desde la expropiación —como lo hizo Cárdenas con las petroleras extranjeras en pleno apogeo— hasta la falta de garantías de un rescate por parte del Gobierno en caso de que el negocio fracase —como algunos creen que sucedió con Mexicana de Aviación—. Otros miedos pueden ser que el Estado no garantice servicios públicos básicos de los que depende el funcionamiento de la empresa, así como la seguridad de que, si se comete un crimen en contra de esta, las autoridades responderán para encontrar al culpable y hacer justicia.

A finales de 2022 ocurrió algo que, a pesar de recibir relativamente poca atención internacional, fue uno de los acontecimientos más importante en el sector energético global. Cuando Rusia inició su ofensiva en Ucrania, la Unión Europea (UE) respondió con fuertes sanciones económicas, diseñadas para debilitar al Gobierno de Putin. Como represalia, Rusia cortó el suministro de gas natural a Uniper, la mayor empresa energética de Alemania, la cual dependía de ese gas para operar. La amenaza fue existencial, generando pérdidas de 8 400 millones de dólares. El ministro de Economía dijo que la nacionalización de la empresa era "necesaria" para "garantizar la seguridad del suministro a Alemania".[2] Este es un ejemplo del tipo de garantías que sí debe ofrecer un Gobierno. Yo lo acompañaría con un debate a profundidad sobre la salud de un mercado en el que una sola empresa suministra 40% del gas natural a la economía más grande de la UE.

---

[2] BBC, "Alemania nacionaliza Uniper, el mayor importador de gas del país para asegurar el suministro de energía" (21 de septiembre de 2022), disponible en: https://www.bbc.com/mundo/noticias-internacional-62983365

No todos los miedos son iguales, y la incertidumbre no siempre es mala. Abrir un negocio es un riesgo, siempre, en cualquier parte del mundo. El culto al emprendedor —¡tan característico de estos tiempos!— se basa, precisamente, en la idea de que una persona inteligente, trabajadora y con una idea original, tomó un enorme riesgo que funcionó. En mi experiencia, son pocos los grandes empresarios en México que están dispuestos a tomar riesgos. La gran mayoría quiere abrir negocios cuyos réditos serán garantizados por las condiciones económicas del momento, por las leyes que ellos mismos desean escribir, por la relación que cultivan con los Gobiernos y por el privilegio que creen que merecen.

En estos tiempos de aguda polarización, la habilidad de sostener simultáneamente dos ideas aparentemente opuestas es esencial. Dos verdades coexisten actualmente en México y una no cancela a la otra. La primera es que no queda duda de que el presidente López Obrador provocó un daño económico tan injusto como irreparable cuando rompió los acuerdos con el sector privado y generó una fuerte incertidumbre. La segunda es que los empresarios luchan por preservar privilegios que históricamente han generado distorsiones en el mercado, monopolios y desigualdad. Tristemente, y para la decepción de muchos obradoristas, el Gobierno de López Obrador no ha tenido éxito en eliminar esos privilegios. Lo único que ha hecho es paralizar la inversión.

México merece una clase política mejor que la que han instaurado AMLO y Morena. Y merece también una mejor, mucho mejor, clase empresarial.

La caída de la construcción: "La mayor crisis en 90 años"

EL 2 DE ABRIL DE 2020 DESPERTÉ TEMPRANO EN MI DEPARTAMENTO EN Cuauhtémoc, en la Ciudad de México. Hacía un mes que la pandemia había llegado oficialmente al país. Para mí, el proceso de la pandemia fue abrupto y lento, como si el tiempo se hubiera dividido en dos velocidades. El encierro, las compras y mi vida social cambiaron de un día para otro. El entendimiento del virus, de sus riesgos y la muerte de gente cercana, se movieron más lentamente. Cuando recuerdo el 2020, me da la sensación de que la covid-19 entró a gatas a mi casa, sin hacer mucho ruido, y para cuando caí en cuenta, ya vivía conmigo.

Desde hacía un par de años, se construía un edificio de 15 niveles en el terreno en contra esquina de mi casa. Sería un edificio de condominios con terraza en la azotea y muchos sótanos, una obra muy grande, y ese día se agruparon entre 40 y 45 trabajadores en el camellón de enfrente, a quienes les pidieron esperar al encargado antes de ponerse a trabajar. Horas después, pude ver desde mi ventana que les pidieron regresar a casa. "Desempleo en tiempo real", dijo mi esposo, de pie a mi lado frente a la ventana, mientras los hombres se alejaban con sus cascos bajo el brazo. Meses después, unos pocos trabajadores regresarían, los demás no volvieron. La pandemia adelgazó empresas y negocios de todos los sectores, y el de la construcción ha sido el que más ha tardado en recuperar su nivel de actividad económica prepandemia —en diciembre de 2022, seguía 2% por debajo, según datos del INEGI—. En retrospectiva, ese 2 de abril se siente como un presagio.

La construcción no es como los demás sectores. Es regla universal que, si quieres saber cómo le irá a una economía en el futuro inmediato, hay que fijarse en la actividad de construcción, porque es la originadora de mucha otra actividad económica. Tiene una relación directa con 50 ramas, más que ningún otro sector, impactando en ellas la generación de empleos. Las empresas constructoras son las que ponen la primera piedra de una casa, hotel, fábrica o tienda en donde después habrá empleados y consumidores. Mientras algunos miran la cotización del peso versus el dólar para juzgar qué tan fuerte está la economía, los expertos miran el PIB de la construcción y el registro de compra de maquinaria.

Valor de la producción de la construcción

(miles de pesos a precios de junio de 2012)

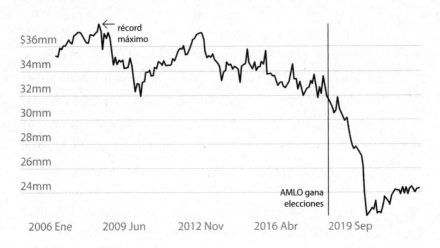

Fuente: INEGI

"Cualquier sociedad medianamente desarrollada, y aún más las desarrolladas, tienen a la construcción como la columna vertebral de su desarrollo y de su crecimiento económico", dijo José Luis de la Cruz, del IDEC y la Concamin, "normalmente, ahí es en donde se empiezan a ver los primeros síntomas de una recesión o de una recuperación".

La construcción tuvo altas y bajas durante el sexenio de Peña Nieto y cerró con un valor menor, indicación de que las reformas estructurales que pasó y lo que quisieron promover como el *Mexican moment*, no generó la confianza que deseaban. Pero el comportamiento del sector no mostró dramáticas caídas hasta el segundo trimestre de 2018. Entre julio de ese año —cuando López Obrador ganó las elecciones— y diciembre de 2022, la construcción cayó 17% y no mostraba señales de un rebote.

La caída tiene que ver con la ambición del presidente de "hacer historia". "Su visión de mediano y largo plazo es trascender a este momento", dijo de la Cruz, "pero para eso tiene solo seis años". (De hecho, cinco años y 10 meses, ya que, por la reforma electoral de 2014, esta administración será relevada en octubre y no en diciembre, como las anteriores). "Ante un objetivo tan ambicioso, evidentemente lo que el presidente ha hecho, desde mi perspectiva, es buscar los mecanismos que de manera más inmediata y efectiva le permitan lograr construir lo que él piensa es estratégico y que le puede cambiar el rumbo de desarrollo al país. Una de las vertientes fue delegar sus grandes obras en manos del Ejército y, pues, me parece que es porque considera que ahí puede tener mayor transparencia, mayor lucha contra la corrupción y, al mismo tiempo, ganar un aliado dentro del Estado".

Durante la primera de dos entrevistas que le hice a Arturo Herrera —secretario de Hacienda de julio de 2019 a julio de 2021— para *El País*, fui testigo de la mentalidad de mucha prisa y corto plazo a la que se refiere de la Cruz. Herrera y yo hablábamos de los distintos paquetes de estímulo económico que se han implementado en la historia reciente para evitar una recesión. Él vivió en Washington D. C., la capital estadounidense, en donde pudo ver cómo se materializaron los masivos proyectos de infraestructura que conformaron el paquete de estímulos del presidente Barack Obama. Que las carreteras y puentes que se aprobaron en 2009 se siguieran construyendo hasta ocho años después, le parecía pésimo, me dijo.

Herrera aseguró que AMLO quiere evitar eso, y para lograrlo le adjudicó al Ejército la construcción de sus obras emblemáticas, y las no tan emblemáticas también, como las sucursales del Banco del Bienestar (que resultaron ser las sucursales ya existentes de Banjercito, el banco del Ejército). AMLO no licitó contratos para ahorrarse tiempo, dijo Herrera, y no buscó empresas privadas para evitar la corrupción. Dejó todo en manos de los militares porque su visión requiere "una hazaña de ingeniería militar", como dijo el propio López Obrador. (El Mandatario, por cierto, no solo le dio a las Fuerzas Armadas la tarea de construir, sino también la de llevar a cabo servicios del Estado, como la administración de las aduanas).

AMLO "no tiene tiempo porque busca pasar a la historia y aplicar una transformación que tenga resultados dentro de su gestión", dice de la Cruz. "En realidad, me parece que buscó mecanismos de acción muy rápida y lo vemos con la concreción, al menos parcial, del aeropuerto Felipe Ángeles, en donde la prioridad es tener un nuevo aeropuerto funcionando. Y lo mismo ocurre con el Tren Maya y la refinería de Dos Bocas. Es decir, quiere terminar esas obras dentro de la administración y eso no le daba tiempo de hacer toda una reforma de la administración pública como para garantizar que se libere, al menos en un porcentaje importante, de la corrupción o de la falta de eficacia".

Entonces optó por no gastar, o gastar lo menos posible, en obra pública. La poca obra pública que será su legado está a manos del Ejército, quienes no tienen que hacer licitaciones si no quieren. Y si sus controvertidas decisiones generan miedo y desconfianza entre los empresarios, mejor. Saber lo que piensa López Obrador es siempre una adivinanza, pero me atrevo a especular que su filosofía es simplista: entre menos negocios hagan los grandes capitales, menos corrupción. Lo que no él no puede decidir directamente, con seguridad es un intercambio podrido y corrupto. Para mediados de 2022, el Gobierno reconoció que la refinería Olmeca de Dos Bocas costará mucho más de lo previsto. Algunos estimados indican que podría ser hasta el doble, que da un total de 20 000 millones de dólares. El ahorro de poner en manos del Ejército una organización que no está especializada en petrolíferos, parece haber sido nulo. Sobre la testarudez de la Cuarta Transformación, su primer secretario de Hacienda, Carlos Urzúa, advirtió en entrevista con *Proceso* —después de su salida del Gobierno—: "Tú no puedes persistir en una idea [Dos Bocas] cuando hay empresas que saben más que tú y dicen lo contrario. El problema de este Gobierno es su voluntarismo".

Además, no gastar en construcción tiene un beneficio muy atractivo para un presidente deudofóbico y obsesionado con mantener estable el déficit. No basta con reducir plantillas en organismos y dependencias de Gobierno, con extinguir fideicomisos, pagar tarde a funcionarios y dejar de comprar medicinas para los hospitales públicos. López Obrador recurrió también al recorte en gasto en construcción, como lo hicieron sus predecesores desde, por lo menos, 1982.

"El problema en México es que el sector ha sido afectado de forma estructural durante los últimos 40 años", explicó de la Cruz. "En la década de los ochenta, con la crisis de aquel momento, lo que se sacrificó fue la inversión pública. De cada peso que se invertía al inicio de la década de los años ochenta, para 1989, solo se invertían 50 centavos. Es decir, cayó a la mitad la inversión real en construcción pública. En los noventa el retroceso fue menor, pero siguió retrocediendo. Hubo una generación perdida en cuanto a construcción".

Entre 2000 y 2010 hubo cierta recuperación, un regreso a números positivos, pero para el período de 2010 a 2020, de nuevo se retoma la construcción pública como mecanismo de ajuste de las finanzas públicas, para equilibrar gastos e ingresos. Esto es particularmente evidente desde 2006, el año en que Vicente Fox le entregó la presidencia a Felipe Calderón.

"¿Qué ocurre cuando llega el presidente López Obrador? A partir de 2018 empieza a existir esa nueva disminución, más acelerada, de la inversión en construcción que en un primer momento era atribuible a la transición que se estaba dando, pero que para 2019 fue un tanto por decisión del sector público de enfocar sus recursos en las grandes obras de infraestructura que el presidente tenía en mente", dijo de la Cruz. Es así que el resto de la obra pública como carreteras, viviendas fuera del sur y sureste de la República e infraestructura para agua y drenaje, no tuvieron tantos recursos como en otros años que, de por sí, ya habían sufrido recortes.

De la Cruz calificó este aceleramiento en la reducción del gasto en obra pública entre 2018 y 2021 como "una crisis". "La mayor en el país en 90 años", dijo, "entonces, en resumen, ¿qué es lo que tenemos? Desde mi punto de vista, un manejo estructural, en más de 40 años de la inversión pública, en donde en lugar de verse como mecanismos de desarrollo, se le ha visto como un mecanismo de ajuste en las finanzas públicas y esto ha detenido, ha inhibido, el desarrollo del sector y, además, las empresas que dependían de esta inversión pública, evidentemente se vieron afectadas por la decisión del Gobierno de realizar las grandes obras a través del Ejército".

A mí me queda muy claro que, hacer del Ejército uno de los agentes económicos más importantes del país, pasará a la historia como un gran error difícil de revertir (lo mostraré en un capítulo más adelante).

Si bien las obras de la presidencia cuentan con pocos constructores contratistas privados, las obras de la CFE no. En noviembre de 2022, el director general de la filial internacional de la CFE, Miguel Reyes, confirmó de último minuto su participación en un foro de inversionistas y empresas estadounidenses y mexicanas en el sector de gas natural en San Antonio, Texas. Su asistencia tomó a todos por sorpresa. CFE, Pemex y el Gobierno Federal llevaban desde 2018 cerrando puertas a los empresarios, mostrándose indispuestos a darles trabajo, y muchas de las ponencias del mismo foro criticaban este hermetismo. Pero Reyes tomó el escenario, junto con representantes de tres empresas extranjeras con las que, aseguró, lograron llegar a "acuerdos": la canadiense TC Energy (conocida por su nombre anterior, TransCanada), y las estadounidenses Sempra Energy y New Fortress Energy.

"La primera vez que conocí al doctor Reyes, me corrió de su oficina", compartió al micrófono Christopher Guinta, director de finanzas de New Fortress, en inglés. La risa del público fue débil. "Pero desde entonces, ha sido una gran asociación y realmente ha sido una oportunidad increíble para trabajar con Miguel y su equipo", agregó Guinta. New Fortress recibió tres grandes contratos de la CFE para construir plantas de licuefacción de gas natural, el cual quiere exportar en buques a Europa, apostando que la ofensiva rusa en Ucrania durará muchos años. La empresa arrancó apenas en 2014, como constructora de infraestructura energética, cuando fue fundada por su actual director general, Wes Edens.

"Desayunamos con mi jefe y el presidente [López Obrador] hace un par de semanas, y el presidente, cuando nos íbamos, agarró la mano de Wes y dijo: 'Necesito esa tercera unidad para cuando termine mi administración'. ¿Sin presiones, correcto?", acotó a manera de chiste.

"En conclusión", dijo Guinta, "somos como el chico nuevo en la vecindad, y, ya saben, no tenemos que luchar con muchos de los problemas de legado que las empresas que han estado en México durante décadas han heredado. Eso es una bendición y una maldición para nosotros". Si la ponencia de Guinta en un principio fue un alarde sin vergüenza sobre como él y su empresa sí habían podido hacer lo que la competencia y muchos de los presentes no, su conclusión fue más como una sentencia.

Los contratistas, sobre todo las empresas contratadas por el Gobierno Federal para hacer trabajos de construcción ya sean nacionales o internacionales, tienen la peor reputación entre todas las empresas. Los nombres OHL, ICA, Grupo Higa, Odebrecht, Casas Geo, entre muchos otros, evocan en muchos mexicanos imágenes de sobornos y corrupción. En algo se parecen las constructoras a las grandes petroleras, y es que después de un escándalo de corrupción o por daños ambientales, se cambian el nombre. La filial mexicana de OHL, por ejemplo, se convirtió en Aleatica después de que, en 2015, se filtraran llamadas entre empleados de la empresa española en México en las que hablaban de una supuesta trampa para incrementar los peajes en el Viaducto Bicentenario, en el Estado de México. La bola de nieve solo fue creciendo cuando se presentaron cuatro denuncias por presuntos actos de corrupción de OHL en connivencia con dirigentes y exdirigentes del PRI.

A diferencia de otras grandes empresas con mala reputación, como las mineras y las petroleras, las constructoras tienen un impacto más visible en la vida de los ciudadanos. Basta recordar que, en 2017, cuando un sismo sacudió a la Ciudad de México en septiembre, se destapó todo un cártel inmobiliario conformado por autoridades y constructores que no cumplen con la regulación diseñada para evitar este tipo de daños. Y los que habitamos en la capital, recordamos el socavón que mató a dos personas en el llamado Paso Exprés en la carretera a Cuernavaca, solo tres meses después de que Peña inaugurara la obra adjudicada a Aldesa, Epccor, Orva Ingeniería y SACC Ingeniería.

Es precisamente la naturaleza de las constructoras como originadoras, la que las hace tan susceptibles a la corrupción. "Por ahí pasan muchos flujos económicos y [con] esos flujos económicos, evidentemente el riesgo que se corre, es de que puedan verse afectados por esos intereses que van más allá de las obras que se realizan, sobre todo en lo que se refiere a obra pública", dijo de la Cruz. "Estos son los elementos que [López Obrador] consideró. Limpiar, o digamos, el transparentar, todo lo que él consideraba que estaba de alguna forma afectando al sector de la construcción. Quiero reiterar que no es en sí el sector: es la confluencia de intereses que ahí se genera, propiamente".

"No todas las constructoras son corruptas", he escuchado decir a empresarios del sector durante el sexenio de AMLO. Añaden con frustración que lo que es aún peor es que, en México, una constructora tiene que pagar moches para poder trabajar. Dicen que, entre más grande sea su obra, más moches pagan, porque hay que pagarle al alcalde de la municipalidad, al gobernador de la entidad federativa y al Gobierno Federal.

No tengo pruebas para respaldar esto, que es más que un secreto a voces entre empresarios, mas no lo dudo. En el reporte

Doing Business de 2016, el Banco Mundial sutilmente le recomienda a México "mantener buenas prácticas, como la utilización de medios electrónicos para el registro de empresas, disponer de un código de construcción claro que no se preste a ambigüedades en su interpretación, disponer de un sistema de administración de tierras cuya información sea accesible y sus tarifas estén claramente establecidas o disponer de un sistema electrónico y aleatorio de asignación de casos a jueces", ya que estas sugerencias "contribuyen en gran medida a cerrar puertas a la corrupción".

El Banco incluye un análisis realizado con datos de encuestas a empresas que muestra una correlación entre la complejidad para obtener una licencia de construcción y el porcentaje de empresas que esperan realizar un pago informal a cambio de dicha licencia. Su recomendación es contundente: "Una regulación eficiente y transparente no solo permite a los empresarios dedicar más recursos a su actividad productiva, sino que también contribuye a reducir las oportunidades de corrupción".

(Resulta muy oportuno contar aquí que el ranking y los reportes de *Doing Business* que el Banco Mundial publicaba anualmente, fueron suspendidos después de que un empleado denunciara en 2018 que se había manipulado la información para beneficiar a algunos países y perjudicar a otros. Es decir, que hubo corrupción. En septiembre de 2021, una investigación interna encontró que la alta dirección del banco manipuló los datos del índice en respuesta a la presión de China y Arabia Saudita. El denunciante se disculpó de manera particular con la presidenta de Chile, Michelle Bachelet, ya que se le calificó injustamente a su país por que su Gobierno era de izquierda.)

Los escándalos de corrupción de las constructoras no son exclusivos de ninguna administración en particular, pero sí fueron muy evidentes durante el sexenio anterior al de AMLO, bajo el mandato de Enrique Peña Nieto. Esto tiene que ver con la evolución que han tenido el Instituto Nacional de Transparencia, Acceso a la Información y Protección de Datos Personales (INAI, anteriormente llamado IFAI) y la Auditoría Superior de la Federación (ASF), los cuales, con los años, habían estado recibiendo mayor presupuesto y se habían fortalecido con un capital humano mejor preparado. *Aristegui Noticias* obtuvo documentos de la propiedad del presidente presuntamente regalada por Grupo Higa (bautizada por los medios como "la casa blanca"), después de que uno de sus reporteros viera en la portada de la revista *Hola!* a la primera dama posando en dicha casa. *Animal Político* siguió la pista de la ASF para denunciar miles de millones en recursos "desaparecidos" en la construcción de lo que hubiera sido el Nuevo Aeropuerto Internacional de la Ciudad de México.

López Obrador le debe mucho a la prensa libre, cosa relativamente nueva en México, porque encendieron el hartazgo por la corrupción en un electorado que votó por él. Un electorado que le creyó cuando dijo que él, y solo él, podía sacar a los corruptos del Gobierno.

AMLO intentó poner de cabeza la narrativa de miedo que dominó durante la pandemia diciendo que esta era una crisis que le cayó a su Gobierno "como anillo al dedo" —sin duda, esta será una de sus frases más recordadas; con el tiempo, quizás cuando haya pasado la tempestad que ha sido su administración, se leerá con más asombro—. Pero no lo logró. El poder mortífero de la covid-19, el desempleo y las hospitalizaciones pudieron mucho más que cientos de mañaneras con "otros datos" y puntos de vista alternativos. Es por esto que, en mi análisis, cada vez que se percibía en la opinión pública un balde lleno de indignación y rabia hacia el Gobierno, este salía con un anuncio de que gastaría en infraestructura y generaría empleos.

Uno de los momentos más surreales, para mí, durante este Gobierno, llegó en abril de 2020, cuando el presidente envió un decreto al Diario Oficial de la Federación en el que aseguraba que se crearían dos millones de empleos. El uso de los decretos presidenciales por parte de López Obrador es fascinante. ¿No sabe cómo funcionan o no le importa cómo funcionan? Nunca lo sabremos, pero no hace falta ser un abogado experto para saber que los empleos no se "decretan".

Días después, en aquella primera entrevista con Herrera, mi colega Javier Lafuente y yo le pedimos al secretario que desglosara el origen de esos dos millones de empleos. "Tienen tres vertientes. Una, los que tienen que ver con los créditos, específicamente, que son créditos para empresas que hoy dejaron de funcionar o están atoradas. Hay unas más que vienen sobre todo de los proyectos de infraestructura, en particular, los que son absolutamente nuevos, son los que tienen que ver con la SEDATU [Secretaría de Desarrollo Agrario, Territorial y Urbano], en donde se van a invertir 50 000 millones de pesos en los proyectos de 50 ciudades. Y los otros tienen que ver con la aceleración de proyectos de infraestructura que ya estaban planeados", respondió.

A la Cuarta Transformación se le da muy bien anunciar inversiones en infraestructura que después se pierden en el presupuesto o se les deja de dar seguimiento. En más de una ocasión, estuvieron presentes en la conferencia mañanera los empresarios, junto a López Obrador, para llenar el escenario. Como muchas de las empresas del Estado creadas por AMLO, estos proyectos cayeron al olvido e impulsaron poco o nada la economía del país. Ante una ausencia de recursos gastados, una ausencia de corrupción, ¿no?

El 23 de febrero de 2023, López Obrador dijo en conferencia de prensa: "Si hubiese alguna irregularidad, un sobrepago, un sobreprecio, entonces existe la Secretaría de la Función Pública, que investiga, y no se permite en este Gobierno la corrupción y no hay impunidad". Para esa fecha, los periodistas de investigación de Mexicanos Contra la Corrupción y la Impunidad (MCCI) habían encontrado más de 3 000 contratos en los que, aseguran, se simuló competencia.

Solo en 2022, cerca de 300 licitaciones fueron firmadas antes de que las convocatorias fueran publicadas, lo cual pudiera ser un acto de corrupción.[1] Uno de los casos más problemáticos, es el contrato que la Secretaría de la Defensa Nacional, es decir, el Ejército, otorgó a la distribuidora de farmacéuticos Ethomedical, empresa que había sido suspendida por el regulador del sector salud, Cofepris, por "tener irregularidades graves en sus instalaciones", según MCCI.

Y si del sector constructor se trata, MCCI identificó que, en 2019, el Gobierno de López Obrador le dio un contrato por 85 millones de pesos a una empresa que, desde el año anterior, había sido declarada presunta empresa fantasma por el Servicio de Administración Tributaria. Construcción Instrumentación y Servicios ganó una supuesta licitación en la que participaron 18 proveedores para la construcción de un tramo de carretera entre Janos, en Chihuahua, y Agua Prieta, en Sonora.

"Las implicaciones de asignar contratos a empresas fantasmas van más allá de la ilegalidad que conllevan. No solo se trata

---

[1] Renata Gómez Lameiras, Lorenzo León Robles y Leonardo Núñez González, "La excepción como regla: abusos e irregularidades de las compras del Gobierno en 2022" (13 de febrero de 2023), disponible en: https://contralacorrupcion.mx/nuestro-dinero/asi-contrata-el-gobierno/la-excepcion-como-regla-abusos-e-irregularidades-de-las-compras-del-gobierno-en-2022/

de un uso ilegal e ineficiente de nuestro dinero. También limitan el desarrollo del país porque, al desviar los recursos, mantienen la marginación en zonas con escasez, pobreza y desigualdad. Las carreteras fantasmas entre Chihuahua y Sonora son una prueba de ello", escribieron los investigadores de MCCI. Para finales de febrero de 2023, no existía registro público alguno del inicio de la construcción de dicho tramo carretero.

Las empresas del Estado:
"El tercer hombre más importante del país"

EL 17 DE NOVIEMBRE DE 2022, EN UNA AMPLIA SALA DE CONFERENCIAS de un hotel en el centro de San Antonio, Texas, esperé pacientemente a Miguel Reyes, director general de la CFE International (CFEi). Conocida en México como CFEnergía, CFEi es el brazo privado de la CFE en el extranjero. El sol texano de otoño iluminaba por la ventana la sala alfombrada. Un débil olor a café endulzaba el aire. Yo era la única mujer en el salón en donde había unos cinco hombres, todos empleados de la CFE, mirándome fijamente. No era para menos. Esta era la primera entrevista que Reyes ofrecía a un medio desde que tomó su puesto, en diciembre de 2018.

El nombre Miguel Reyes no es conocido entre los mexicanos como lo es el de Manuel Bartlett, su jefe y director general de la CFE, pero yo sabía bien quién era. Doctor en economía por la Universidad de las Américas Puebla (UDLAP), Reyes llegó a la CFE después de que encontrara "graves inconsistencias" en la elección a gobernador de Puebla ganada por Martha Érika Alonso, de la alianza opositora a Morena. Sus hallazgos los presentó en la Universidad Iberoamericana de Ciudad de México, en donde era investigador de temas sociales, específicamente de desarrollo, equidad y pobreza.

Reyes no sabía mucho de electricidad ni del sector energético, pero eso no detuvo a la Cuarta Transformación ni a Bartlett, quien lo puso a cargo de la mayor compradora de gas natural estadounidense del mundo. Al inicio del sexenio, Reyes tomó las riendas de la CFEi. Por su parte, Martha Érika Alonso murió en un accidente cuando su helicóptero dejó de funcionar repentinamente y cayó, matando también a otras cuatro personas (entre ellos su esposo, senador y exgobernador). Puebla, estado natal de Bartlett y en donde él también fue gobernador, terminó rindiéndose ante Morena en las elecciones especiales de 2019. Años después, cuatro personas fueron detenidas acusadas de homicidio por el extraño caso de la muerte de la gobernadora.

En San Antonio, Reyes acababa de dar su primera presentación en un foro público y lo hizo en español, cosa que no me escandaliza. Si el nombre del evento es "US-Mexico Natural Gas Forum", ¿por qué esperar que el idioma sea, en automático y exclusivamente, el inglés? Sentada en esa sala, ni siquiera me cruzó por la cabeza mencionarlo, pero a uno de los funcionarios que conformaban el séquito de acompañantes de Reyes, sí:

—El doctor Reyes habla perfectamente el inglés —recuerdo que me dijo, sin que yo le preguntara—, pero es un tema de que viene en representación del Estado.

—Ah, ok. Pues sí —respondí, confundida.

—Es la tercera persona más importante del país —me informó, también, sin habérselo preguntado.

Supongo que la primera persona más importante es el presidente López Obrador, y la segunda, Bartlett.

Esta interacción fue un privilegio y una pequeña ventana al mundo de la administración de AMLO. Cuando llegó al poder, una de las primeras acciones drásticas que tomó el Gobierno Federal fue cerrarle la puerta a la prensa. Después de una ronda breve de entrevistas que López Obrador ofreció a medios como *Aristegui Noticias* y *Bloomberg News,* los encargados de la relación con prensa fueron despedidos y reemplazados por personas que ignoraban las llamadas y correos de reporteros. Incluso, temprano en el sexenio, presidencia puso restricciones en el chat de Whats-App de los periodistas, de manera que los únicos que pueden enviar mensajes son los administradores. Toda información sobre el Gobierno sale de la boca de López Obrador y nadie más. Esta estrategia tiene muchos objetivos, uno de ellos es esconder la incompetencia o mera falta de conocimiento de los funcionarios. En mis años de carrera, habiendo reporteado desde Inglaterra, luego en Costa Rica y después en México, bajo el mandato de Peña, jamás había vivido un hermetismo tan extremo. Las conferencias de prensa mañaneras son una simulación del acceso a periodistas, no ofrecen un acercamiento real.

¿Cuántos funcionarios de la Cuarta Transformación pensarán que ellos son la tercera persona más importante del país? Sospecho que varios. Quizás no es cierto que Reyes sea tan importante, pero sí es un funcionario mucho más importante que el resto. En el plano económico, esta administración pasará a la historia como una que hizo poco. La gran excepción es su interferencia (u obstaculización) en el sector energético, un esfuerzo diseñado para empoderar a las empresas del Estado, y la más empoderada de todas es la CFE, la empresa de electricidad más grande de toda América Latina. Es evidente que Reyes solo sigue las instrucciones de Bartlett, pero su puesto es uno de mucho poder.

Cuando el Gobierno anunció que cancelaría las rondas de subastas de campos petroleros, pendientes desde la administración anterior, se asumió que Pemex resurgiría como el ente focal del presidente. El nombramiento de Octavio Romero Oropeza, un ingeniero agrónomo con nula experiencia en el negocio del petróleo, causó mucho revuelo. Pero no se compara con el nombramiento de Bartlett. Esta fue una sorpresa para muchos mexicanos —y una decepción para muchos que votaron por AMLO y conocen la historia de Bartlett detrás del último gran fraude electoral en la historia de México—. El mensaje estaba muy claro desde el principio: la CFE sería una máquina de control político dentro de la administración,[1] por lo que el hombre a cargo sería Bartlett, el político más experimentado y feroz dentro del círculo interno de López Obrador. Pemex importa, pero no tanto como la CFE.

Bartlett "conoce todas las tripas del sistema", dice Ignacio Martínez, de la UNAM. "Bartlett fue secretario de Gobernación. Bartlett es la némesis de Salinas. Es el pararrayos hacia ese grupo poderosísimo", ofreció.

El primer secretario de Hacienda de AMLO, Carlos Urzúa, lo entendió. Días después de su renuncia, le dijo a la revista *Proceso* que "una de las gotas que casi derramó el vaso" fue la revisión de los contratos de gas natural que forman parte de un ducto marino construido bajo la administración anterior, ubicado en el Golfo de México. "Un alto funcionario y yo fuimos a comentarle al presidente, hace unos días, que lo que está haciendo la CFE no es en beneficio de México", le dijo Urzúa al periodista Hernán Gómez.

Dichos contratos eran con la empresa estadounidense Sempra Energy (filial de la matriz IEnova) y la canadiense TransCanada, que luego se cambió el nombre a TC Energy. Bartlett apareció en varias conferencias de prensa matutinas para explicar que eran contratos "leoninos" que abusaban del pueblo mexicano, ya que

---

[1] "La CFE de Bartlett se convierte en una máquina de control político en México" (13 de julio de 2020), disponible en: https://elpais.com/mexico/2020-07-13/la-cfe-de-bartlett-se-convierte-en-una-maquina-de-control-politico-en-mexico.html

todo el riesgo lo absorbía la CFE y las contratistas solo se beneficiaban. Además, dijo Bartlett, México no necesita tanto gas, y la CFE no tiene cómo almacenarlo o convertirlo en electricidad.

La renegociación con Sempra y TransCanada fue un fracaso, aunque la administración no lo pinte así. Según la CFE, el ahorro total fruto de la renegociación fue de 789 000 millones de dólares.[2] Nunca explicaron su aritmética, ni dijeron si se refería a un ahorro total en toda la duración del contrato o si solo contaron los seis años de esta administración. Lograron bajar los precios, pero alargaron la duración —según algunas fuentes, pasaron de 20 a 30 años. La CFE no informó de los plazos ni desmintió lo que se reportó—. Que Bartlett lo haya pintado como una victoria de la soberanía de México, es un botón más que muestra la constante distorsión de la información por parte del Gobierno. Pero también refleja la mentalidad cortoplacista de la actual administración: ellos pagarán menos y poco les importa que los próximos gobiernos estén atados de manos para continuar pagando hasta por 26 años más.

En Texas, Reyes inició su ponencia con una breve clase de historia económica de México, desde un lente, a mi parecer, victimista. México, víctima de los españoles, después de los intereses empresariales extranjeros y, finalmente, de los empresarios nacionales. El país vive en pobreza, les recordó a los asistentes, y la reforma energética de Enrique Peña Nieto no estuvo diseñada para levantar a los pobres a una clase media con el suficiente poder adquisitivo como para convertirlos en consumidores o pequeños empresarios. La reforma, resumió, se hizo para que empresas

---

[2] Alejandro Alegría, "Ahorro de 789 mdd al renegociar contratos leoninos de gas: CFE" (16 de noviembre de 2022), disponible en: https://www.jornada.com.mx/notas/2022/11/16/economia/ahorro-de-789-mdd-al-renegociar-contratos-leoninos-de-gas-cfe/

privadas gozaran de lucrativos contratos con la CFE, mientras la paraestatal les cede mercado y absorbe todo el riesgo.

No estoy en completo desacuerdo con su análisis. Creo que esto es, en parte, cierto. La reforma de Peña careció del debate nacional que merecía y los medios se enfocaron más en lo que ocurriría en el sector petrolero que en el eléctrico. En mi opinión, el esquema de rondas abiertas para campos petroleros no fue tan limpio como se dijo, ni tan sucio como lo pinta la 4T. Mucho se habló de cómo las innovadoras subastas públicas para proyectos de energías renovables rompieron récords a la baja, lo cual sería bueno para el consumidor final y el medio ambiente. Pero nadie le prestó suficiente atención a lo que representaba para la CFE.

En materia de electricidad, es posible que lo que dice Reyes sea cierto, pero también es cierto que la reforma pudo haber llevado a una matriz de energía eléctrica menos contaminante, con mayor porcentaje de renovables. La idea era también que la CFE se pusiera a competir con empresas mundiales, lo que la obligaría a mejorar sus servicios, y creo que todos los mexicanos coincidiríamos en que esto es necesario. Otro principio de la reforma era que, ante una mejor oferta de electricidad, habría mayor desarrollo. Pero para Reyes, Bartlett y AMLO, que la CFE tenga que competir con alguien más, es una ofensa. Las empresas del Estado, en la visión de AMLO, son el Gobierno mismo, y ¿cómo el Gobierno va a competir con otros? Para la 4T no es relevante que las empresas del Estado generen réditos, porque deben trabajar, sin ánimo de lucrar, por el país. Son también máquinas para concentrar el poder y movilizar electores. A este último punto llegaremos más adelante.

"¿Cómo están las empresas del Estado en términos de infraestructura?", Martínez preguntó retóricamente. "A CFE, por años, no se le invirtió. No se modernizó. Entonces, ¿qué es lo que hace el Gobierno? Tener la mayor participación en términos jurídicos para que CFE vaya por delante".

Las empresas del Estado deben tener el monopolio en sus respectivos mercados, en el pensamiento de la 4T. Incluso, la mera idea del monopolio es un concepto del neoliberalismo, según explicó Martínez.

—Va en contra del famoso esquema neoliberal de la competencia —dijo el economista—, pero si hablamos de monopolio, la electrificación que se dio en México entre 1930 y 1960, fue por ese monopolio. Sabemos de los cambios, del giro que se da a finales de los ochenta en contra de los monopolios, cuando se dice que el Estado no lo debe tener. Aquí viene esta cuestión de la privatización y, por lo tanto, ahora es la empresa privada la que debe electrificar. Pero si nos vamos hacia la parte de la electrificación, tomando en consideración el beneficio social que tiene la electricidad en la población, ¿por qué sigue habiendo zonas en el país sin electrificación?

—Porque no es rentable para los privados —respondí.

—Exacto. Y ya pasaron casi nueve años de esa reforma de 2013. Porque el Gobierno de Peña Nieto no le apostó a llevar esa electrificación a estas zonas vulnerables. Entonces es allí donde viene la propuesta de López Obrador.

Fuera de los 960 kilómetros que la CFE aseguró que se electrificarán en zonas rurales a partir del Tren Maya, no hay registros o detalles conocidos de grandes esfuerzos por electrificar 0.9% del territorio nacional habitado que no tiene electricidad, según los propios datos de la CFE.[3]

---

[3] Karol García, "CFE llega a su aniversario 85 con una cobertura de 99.1% de la población y sin un discurso a favor de las renovables" (15 de agosto de 2022), disponible en: https://www.eleconomista.com.mx/empresas/CFE-llega-a-su-aniversario-85-con-una-cobertura-de-99.1-de-la-poblacion-y-sin-un-discurso-a-favor-de-las-renovables-20220815-0058.html

El discurso de Reyes en Texas chocó con el mensaje no verbal que el mismo funcionario ofreció cuando compartió el escenario con tres empresas privadas extranjeras con las que hizo negocios. Dos de ellas eran Sempra y TransCanada, aquellas con las que se enfrentó al principio del sexenio, a quienes acusó de abusadores y con quien renegoció contratos ya firmados. Para estas fechas, los Gobiernos de Estados Unidos y Canadá ya habían abierto procesos en contra de México por cerrar el sector energético, lo cual está en violación del T-MEC.

Estas empresas (recordemos: una estadounidense y una canadiense) contaron a los asistentes cómo lograron hacer borrón y cuenta nueva con el Gobierno de AMLO y se hicieron los beneficiarios de atractivos contratos. TransCanada construirá con la CFE un segundo ducto marino, que costará 4 500 millones de dólares;[4] Sempra construirá para la CFE una terminal de gas natural licuado (GNL) en el puerto de Topolobampo, en Sinaloa, y una terminal de regasificación de GNL en La Paz, Baja California Sur, cómo tenía trazado la administración anterior, por 105 millones de dólares más de lo presupuestado.[5]

López Obrador siempre ha buscado cómo negociar de manera discrecional, por fuera de las instituciones y los convenios formales. En este caso, me atrevo a decir que los acuerdos entre Bartlett y estas dos empresas, se interpretaron ampliamente como ofertas para que los Gobiernos estadounidense y canadiense bajaran la

---

[4] Ulises Juárez, "TC Energy y CFE van por construir gasoducto marino" (5 de agosto de 2022), disponible en: https://energiaadebate.com/tc-energy-y-cfe-van-por-construir-gasoducto-marino/

[5] Karol García, "CFE y Sempra continuarán con gasoducto en Sonora" (31 de enero de 2022), disponible en: https://www.eleconomista.com.mx/empresas/CFE-y-Sempra-acuerdan-reanudar-la-construccion-del-gasoducto-Guaymas-El-Oro-en-Sonora-20220131-0073.html

guardia y terminaran los procesos de consultas del T-MEC. Esto no sucedió.

"Nos hemos tardado, pero ya hay una estrategia", me dijo Reyes en la entrevista en Texas.[6] A pesar de la anticipación y la tensión de su equipo (quizás era nerviosismo), la entrevista con Reyes resultó predecible y, por lo tanto, un tanto desabrida. Se dijo confiado en que las consultas del T-MEC se resolverían y repitió los eslóganes y mantras de la 4T. El plan de la CFE es aprovechar la demanda de Europa por gas natural que no venga de Rusia, licuar el que le sobre a México y enviarlo por buque. Para lograrlo, se necesita dinero privado. "A partir de ahora, busquemos colaborar con el sector privado para que, inicialmente, terminemos de solucionar el problema de CFE y, posteriormente, ver qué nueva infraestructura va a requerir el país". Por "el problema de CFE", Reyes se refiere al exceso de gas natural que la administración anterior dejó contratada.

El director del Programa Latinoamericano de Energía del Instituto Baker de la Universidad Rice, en Texas, Francisco Monaldi, y uno de los expertos más influyentes en el sector energético a nivel internacional, ofreció su opinión sobre este plan de la CFE, en una entrevista con el medio Natural Gas Intelligence (NGI), publicada en enero de 2023. "Creo que, desde un punto de vista económico, sí tiene sentido, por las dificultades que hay al exportar gas desde Estados Unidos. México ofrece una salida conveniente", dijo el especialista.

"Sin embargo, los cambios en la política energética y la amenaza a los derechos de la propiedad privada que han caracterizado

---

[6] Isabella Cota, "La CFE confía en que habrá un acuerdo en las consultas del TMEC sobre la política energética de México" (18 de noviembre de 2022), disponible en: https://elpais.com/mexico/2022-11-18/la-cfe-confia-en-que-habra-un-acuerdo-en-las-consultas-del-tmec-sobre-la-politica-energetica-de-mexico.html

a la administración de López Obrador son una gran preocupa-ción. Cuando tú haces una inversión de esta naturaleza, un monto significativo, en un país en donde el derecho a la propiedad no es respetado, los riesgos son grandes. Y aunque la oportunidad hoy día es tremenda por lo que estamos viendo en mercados globa-les de GNL [gas natural licuado], tienes que tomar en cuenta es-tos riesgos de largo plazo. Quizás algunos proyectos funcionarán, pero el potencial no se aprovechará", explicó el especialista.

Monaldi se refiere a la iniciativa de reforma a la Ley de la Industria Eléctrica que López Obrador envió al Congreso y fue aprobada. A pesar de que la Corte Suprema la declarara cons-titucional, más de cien empresas y actores políticos presentaron amparos en su contra, por lo que cayó en manos de las cortes cole-giadas, en una especie de limbo judicial. El Consejo Coordinador Empresarial (CCE), una de las patronales más grandes del país, dijo que la iniciativa es "una expropiación indirecta que resultará en mayores subsidios a la CFE, electricidad más cara y contami-nante", ya que libera a la paraestatal de las obligaciones que tenía con los generadores de energías renovables. También decreta que la CFE debe tener preferencia en el despacho eléctrico, es decir, el mecanismo que decide el orden en el que cada central eléctrica inyecta su energía a la red. Antes, este se realizaba por "mérito económico", de manera que los productos con precios más bajos entraban primero a las redes de transmisión y distribución.[7]

Quizás los asesores de Reyes lo ven como la tercera persona más importante del país porque López Obrador llegó al poder con la clara prioridad de rescatar a las empresas del Estado sobre todo lo demás. Mientras dependencias y órganos de Gobierno fueron

---

[7] Jesús Carrillo, "Reforma eléctrica: la CFW contra la CFE" (14 de marzo de 2022), disponible en: https://imco.org.mx/reforma-electrica-la-cfe-contra-la-cfe/

sometidas, primero, a "austeridad republicana" y, después, a "pobreza franciscana", estos principios no aplicaron ni a las empresas del Estado ni al Ejército. En 2019, cuando AMLO despidió a miles del Gobierno, CFE contrató a 2 386 nuevos empleados, según hallazgos de la NGI.[8] Al estilo del antiguo PRI, cada empleado en la nómina y en el sindicato se multiplica en votos en las urnas, contando a los familiares y dependientes. Este es el estilo de los Gobiernos centroamericanos, me recordó un abogado salvadoreño que llegó al país como representante de una transnacional energética durante el mandato de Peña. Como candidatos, prometen resolver los problemas de las paraestatales, y engordan las nóminas de presidentes como una forma de clientelismo, dijo.

Engordar la nómina no fue lo más grave que hizo esta administración. El daño más profundo está en el pasivo laboral, que refiere a los compromisos de pago de pensiones. En 2020, Bartlett hizo un pacto con el sindicato y restituyó la edad de jubilación de los empleados de la CFE a 55 años, revirtiendo uno de los logros políticos más duros de la administración de Peña, la cual la había subido a 65 años en 2016. Se había logrado reducir el pasivo laboral de la CFE en 43%, según estimados de México Evalúa,[9] con un total de 353 000 millones de pesos. Para 2020, este monto había escalado a 514 000 millones. De hecho, en 2020, los costos por la compra de combustibles para producir electricidad cayeron en 84 900 millones, un ahorro más que cancelado por el incremento en los costos por obligaciones laborales de 89 500 millones.

[8] NGI staff reports, "As Mexico Preached Austerity, CFE Added 2,386 Workers in 2019" (24 de marzo de 2020), disponible en: https://www.naturalgasintel.com/as-mexico-preached-austerity-cfe-added-2386-workers-in-2019/

[9] Mariana Campos, "Restitución de privilegios sindicales en CFE: primeros saldos de la #ReformaEnergética 4T" (27 de enero de 2022), disponible en: https://www.mexicoevalua.org/restitucion-de-privilegios-sindicales-en-cfe-primeros-saldos-de-la-reformaenergetica-4t/

México recaba cerca de 14% de su Producto Interno Bruto en impuestos, más otros 3% por derechos petroleros, por lo que la suma de todo lo recaudado y disponible para el gasto del Gobierno era 17% del PIB. Un análisis del Centro de Investigación Económica y Presupuestaria (CIEP) del presupuesto de egresos del 2023, demostró que los principales ejecutores del gasto gubernamental son Pemex, CFE, IMSS e ISSSTE, con un gasto aproximado de 1.4% del PIB cada uno.[10] Y pensar que el propósito de la reforma energética de Peña era que las paraestatales eventualmente le dejaran de costar al erario y empezaran a aportar al desarrollo del país.

"Si sumas gasto en pensiones contributivas, no contributivas y pago del servicio de la deuda, el gasto es de 9% del PIB, más o menos", dijo Urzúa, "queda 8% para participaciones y aportaciones para estados y municipios, para gasto en educación pública, para gasto en salud, para pago de nómina de toda la burocracia, para seguridad pública, para seguridad nacional y, finalmente, la inversión pública. Esta última seguirá cayendo más y más. Ahora es ya menor a 3% del PIB, porque ya no hay dinero".

La obsesión de López Obrador por el control de los recursos energéticos de México lo ha llevado al borde de la muerte. Él mismo ha contado que, en diciembre de 2013, fue ingresado en un hospital al sur de la Ciudad de México debido a un "infarto agudo" cuando organizaba una protesta a las afueras del Congreso en contra de la reforma energética Peña. De esas protestas surgió el partido que lo llevó al poder, Morena —por lo que vale la pena preguntarse, por cierto, si pasando la administración de

[10] CIEP. "Implicaciones del Paquete Económico 2023" (12 de septiembre de 2022), disponible en: https://paqueteeconomico.ciep.mx/wp-content/uploads/2022/09/Implicaciones-del-Paquete-Econo%CC%81mico-2023-12-Sep-22.pdf

AMLO, habiendo revertido gran parte de la reforma, Morena sigue teniendo razón de existir.

¿Cómo puede la CFE lograr el objetivo definido por López Obrador de generar 50% de la electricidad del país si tiene tan pocos recursos para gastar en inversión? El secretario de Hacienda, Rogelio Ramírez de la O, le ofreció una propuesta que más o menos aparenta ser una solución. En abril de 2023, López Obrador anunció que hizo negocios con una de las empresas más odiadas por su administración, Iberdrola. Le compró 13 plantas generadoras de electricidad, que ya manejaban en conjunto, por 6 000 millones de dólares. Con esta adquisición, la CFE pasó de generar 39.6% de la electricidad del país, a 55.5%, aseguró AMLO.

En realidad, lo que ocurre es que la CFE ahora ya no comparte esa generación con Iberdrola, lo que a AMLO lo hace sentir muy bien, pero en términos prácticos, no hace gran diferencia. Y tampoco está muy claro cómo llenarán por completo el hoyo de 6 000 millones de dólares. Ramírez de la O dijo que una parte vendrá del Fondo Nacional de Infraestructura —el cual, en teoría, debe financiar proyectos como carreteras y puentes que impulsen la actividad económica—. Lo demás, Hacienda espera que lo paguen empresas privadas. Para rematar, las plantas no serán de CFE, por lo menos no en un principio, sino que pertenecerán a una empresa administradora de vehículos financieros —y dirigida por un exfuncionario de un regulador energético durante el mandato de Peña.

"Yo, lo que le voy a decir es esto, y estoy seguro de que va a suceder. Puedo estar equivocado en muchas cosas, pero no en esto", señaló Urzúa, "López Obrador no va a mover absolutamente nada, porque López Obrador no piensa en los pobres, no piensa en nada de eso… Él piensa en la votación, en los votos electorales. Antes del primer domingo de junio de 2024, no hará absolutamente nada que sepa que le puede mellar la elección. No va a, de ninguna manera, considerar cambios tributarios. No va a, de ninguna manera, considerar cambios del régimen de pensiones, cambiar la edad de jubilación, nada de eso. Usted puede decir ¿pues entonces qué va a pasar? […] Quien llegue en el 2024, tendrá que hacer una reforma fiscal".

Lo que AMLO hizo con Pemex se entiende mejor si se piensa en la paraestatal como una empresa familiar, y en México, como la familia. Durante el mandato de Peña, el director a cargo de la empresa familiar decidió que ya era momento de retraerse del sector y permitir que la competencia hiciera lo suyo. El padre la había dejado muy endeudada, con una nómina muy alta y una tecnología muy vieja. Lo mejor que había que hacer era dividirla en partes, cerrar las que menos le rendían, asociarse con empresas mejor posicionadas en negocios que todavía tenían potencial y repartirse los réditos.

Después llegó un nuevo director, un familiar también, pero más inexperto que el anterior y muy atado emocionalmente a la empresa. Este detuvo el plan en seco. Abandonó las asociaciones con otros para intentar hacer grandes proyectos solo. Prometió que el plan funcionaría y que la empresa volverá a su época de gloria. A pesar de su inexperiencia, se confrontó con los técnicos y consultores de negocios, sordo a cualquier consejo. Se endeudó más y dejó de pagar los medicamentos de la madre, la escuela de la hija, se gastó los fideicomisos y dejó de pagarle a sus proveedores para tener algo de liquidez.

En 2018, el candidato López Obrador prometió que Pemex volvería a producir 2.4 millones de barriles de petróleo diarios. Para 2023, la empresa seguía produciendo 1.7 millones.

En 2022, empresas petroleras en todo el mundo reportaron resultados récord, ya que fue un buen año para los precios del crudo. La mezcla mexicana se vendió en 90 dólares por barril (en promedio), pero Pemex apenas reportó una utilidad neta de 23 000 millones de pesos. "¿Por qué fue así? Porque mientras Pemex Exploración y Producción tuvo una utilidad neta de casi 190 000 millones de pesos, su sector de refinación reportó pérdidas por 177 000 millones, a pesar de que no pagó impuestos ni derechos", escribió Jesús Carrillo, economista investigador del Instituto Mexicano para la Competitividad (IMCO), en una publicación.[11]

Para eso será la refinería en Dos Bocas, Tabasco, ¿no es así? Aquella que costará 20 000 millones de dólares y que nos hará autosuficientes. Es posible que sí, pero no lo sabremos hasta que esté terminada y sea completamente operativa. Sí sabemos que, de acuerdo con datos de la firma Welligence, Pemex es tan ineficiente en el proceso de refinación que, por cada barril que refina, pierde dos dólares.[12] Además, en el año 2023, los Gobiernos con una visión a futuro están buscando la autosuficiencia con energías limpias, mientras la 4T invierte en combustibles contaminantes. López Obrador le compró a Shell su parte de una refinería que operaban en conjunto en Estados Unidos, porque Shell ya se está moviendo hacia las energías limpias, y la refinería le empezaba a estorbar. Por ahora, como están las cifras, apuntó Carrillo, "incluso en un escenario en el que la refinería de Dos Bocas iniciara producción plena [en 2023], no se podría satisfacer la demanda interna de combustibles".

Pemex tiene una cuenta por pagar de 107 400 millones de dólares que le debe a Wall Street, y cada año, nuestros impuestos

[11] Jesús Carrillo Castillo, "Pemex: los datos contra los discursos en el Zócalo" (22 de marzo de 2023), disponible en: https://gatopardo.com/opinion/pemex/

[12] Isabella Cota, "El precio de salvar a Pemex en plena crisis económica" (1 de julio de 2020), disponible en: https://elpais.com/mexico/economia/2020-07-02/el-precio-de-salvar-a-pemex-en-plena-crisis-economica.html

van a pagar parte de intereses de esa deuda porque la empresa por sí sola no puede. Según Carrillo, la empresa ha recibido cerca de 900 000 millones de pesos en aportaciones de capital, estímulos fiscales y otros apoyos del Gobierno Federal, un monto que representa 8.3 veces el presupuesto del Consejo Nacional de Ciencia y Tecnología (Conacyt) y casi 12 veces el presupuesto del Instituto Nacional Electoral (INE).[13] Morena votó por desaparecer al Conacyt para reemplazarlo con el Consejo Nacional de Humanidades, Ciencias y Tecnologías (Conahcyt). y debilitar profundamente al segundo. Desde que AMLO llegó al poder, le redujo los impuestos a Pemex, de manera que el derecho de utilidad compartida (conocido como el DUC), principal componente de las obligaciones tributarias de Pemex, se redujo de 65 a 40 por ciento.

Pemex recibió casi 900 000 millones de pesos
en aportaciones y ayudas del Gobierno de AMLO desde 2019
(en miles de millones)

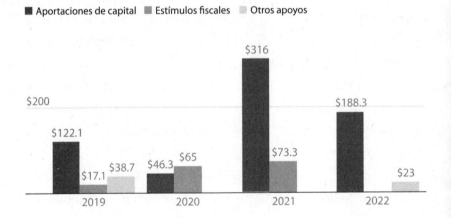

Fuente: Análisis de IMCO con datos de Pemex

---

[13] IMCO Staff, "Pemex en la mira al cuarto trimestre de 2022" (28 de febrero de 2023), disponible en: https://imco.org.mx/pemex-en-la-mira-al-cuarto-trimestre-de-2022/

No tributar a Pemex es una de las medidas más necesarias para darle oxígeno, opinó Martínez, de la UNAM. "Otra medida es resolver las mermas de la fuga a través del huachicol. Y la otra, es una planeación a futuro. Ahí es donde está lo más impactante de Pemex, en el sentido de que Pemex no tiene el recurso para poder explorar, producir y distribuir. Ese es el quid del asunto, que Pemex no tiene las condiciones para competir con monstruos petroleras internacionales", dijo el académico.

Cerca del final de la administración, no sabemos a ciencia cierta qué se logró con los esfuerzos por combatir el huachicol. No hay cifras claras y oportunas, y López Obrador dejó de hablar del tema. Tampoco queda claro exactamente cuál es el plan para Pemex, fuera de tener una nueva refinería. Para aplacar a su competencia, el Gobierno recurrió a medidas desagradables. En Veracruz, por ejemplo, las autoridades acosaron a empleados de un almacén de combustible operado por una empresa extranjera al punto de que la empresa demandó al Estado Mexicano, de acuerdo con el *Wall Street Journal*.[14] La empresa no pudo operar prácticamente durante todo el sexenio.

Es cierto que, como dijo Reyes Heroles, Gobiernos del pasado hipotecaron irresponsablemente a Pemex, y es cierto también que el caso de Emilio Lozoya, detenido por presunto cohecho, asociación delictuosa y lavado de dinero durante la administración anterior, exhibió la escala de la corrupción que se llevó a cabo dentro de Pemex. La empresa familiar fue abusada, mal administrada y relegada mucho antes de que llegara López Obrador. Esto no quiere decir que la mejor decisión era revertir la dinámica entre

---

[14] Mary Anastasia O'Grady, "KKR vs. Mexico's López Obrador" (21 de febrero de 2022), disponible en: https://www.wsj.com/articles/kkr-mexico-lopez-obrador-amlo-investment-monterra-energy-oil-terminal-export-monopoly-nafta-usmca-arbitration-tribunal-11645463328

el Estado y la petrolera: de ser su motor, se convirtió en su lastre. Nunca sabremos cómo hubiera resultado para Pemex el camino que la administración anterior le había trazado.

Lo que sí sabemos, es que el sexenio de López Obrador, por su manejo de las empresas energéticas del Estado, es un sexenio perdido para la transición energética hacia combustibles no contaminantes. La respuesta del Gobierno a esta crítica fue el Plan Sonora, el cual consiste en cinco parques solares, dos plantas de licuefacción de gas natural —un recurso más limpio que el petróleo, pero no renovable— y un supuesto "apoyo" para la construcción de una planta de coches eléctricos —en la cual no se anunciaron los inversionistas o socios—. El panorama no es alentador. No hay manera de que las empresas del Estado puedan producir toda la energía del país, y mucho menos de fuentes eólicas y/o solares.

Pasarán al olvido múltiples empresas estatales creadas por López Obrador durante su sexenio. Una aerolínea operada por el Ejército, que planea despegar desde otra obra emblemática del presidente, el AIFA. Una distribuidora de gas LP llamada Gas Bienestar, que en realidad es Pemex, y prometió "defender a los consumidores" de los "abusos" de los privados fijando precios máximos. Gas Bienestar dejó de operar menos de un año después de haber sido lanzada. Una empresa de telecomunicaciones, que en realidad es la CFE, que prometió cobertura de internet en cada rincón de la república, pero, después de anunciar el costo de sus paquetes en 2022 sin una campaña publicitaria, no volvió a informar sobre número de usuarios ni resultados. Cabe mencionar también que CFE Telecomunicaciones e Internet para Todos (TEIT) tomó la iniciativa creada en 2013 por la administración de Peña, llamada Red Compartida, la cual fue licitada en 2016.

Crear empresas del Estado como crear carpetas digitales en una computadora. En mi opinión, que las empresas creadas por

AMLO lograran ser operativas hubiera sido bueno, pero no imprescindible para el presidente. Como todo lo que López Obrador hace, lo importante es mandar un mensaje, y creando estas empresas, la 4T simuló una defensa de los mexicanos más pobres ante los multimillonarios empresarios que conforman una "minoría rapaz" y que se sienten los dueños del país.

"Me parece que AMLO ganó, en parte, por el desprestigio de las empresas, por lo menos, de las grandes empresas", le dije a la economista Sofía Ramírez, directora de México, ¿cómo vamos? (MCV), centro de análisis e investigación con un enfoque en el desarrollo económico.

Ramírez me respondió, primero, con un *disclaimer*. "Muchos de mis principales donantes son empresas", me dijo con claridad. "Creo que el problema se regresa más bien a la estructura del mercado laboral. Lo que he visto, tanto en primera persona como en mi experiencia como analista, es que los empleados y las empleadas de las grandes empresas están agradecidas con sus empleadores. La gente no muerde la mano que le da de comer. Ganan por encima del salario mínimo, tienen prestaciones, tienen aguinaldo. Eso hace toda la diferencia.

"¿Cuál es el problema? Que el empleo formal, que proviene de las unidades económicas [empresas y negocios], es solo 30%. Mientras que 70% del empleo es informal. Aquellos que trabajan en la informalidad no reciben buenos servicios públicos universales, no tienen acceso a buena educación, servicios de salud, y eso está mal. No reciben ningún tipo de beneficio adicional como acceso al crédito, aguinaldo, vacaciones. Tienen una muy mala calidad de su trabajo.

"El desencanto no está con las empresas grandes, el desencanto está con quien me la paga, dado que 70% del empleo es malo o mal pagado. Si tú ves que un empleo en una grande empresa paga, en promedio, el doble que un empleo informal, claramente, pensarás que estos son unos hijos de la chingada que se están acaparando la riqueza y están evadiendo impuestos, ¿no?", dijo Ramírez.

Hubo un momento durante este sexenio en el que los empresarios aprovecharon que la inflación alcanzó niveles no vistos en décadas para incrementar sus ganancias. Dos académicos de la Universidad de Massachusetts Amherst identificaron este comportamiento en Estados Unidos en 2021, cuando la pandemia empezó a generar una espiral inflacionaria. La llamaron "inflación de vendedores", y consiste en aprovechar que los consumidores ya esperan un incremento en los precios, derivado de la pandemia, para que los empresarios suban sus precios muy por encima del margen de ganancias que ya tenían. Mientras los mexicanos batallaban para comprar una despensa completa, entre 2022 y 2023, los directores de Bimbo, Alsea y Arca Continental, entre otros, celebraban un "desempeño financiero histórico".[15]

Este comportamiento no es ilegal. Técnicamente, no tiene nada de malo, porque la razón de ser de una empresa es generar réditos. Pero se paga en las urnas, porque llega un candidato como AMLO, quien promete rescatar a las empresas del Estado diciendo que no trabajarán por los réditos, sino que tendrán "vocación social". Llega un presidente que crea empresas de papel como una "alternativa" y muchos mexicanos lo agradecen, porque su percepción de las empresas privadas, justificada e injustificadamente, es que abusan de las condiciones socioeconómicas de la población.

---

[15] Isabella Cota, "Bimbo, Wal-Mart, Alsea: las multinacionales en México elevan sus precios aprovechando la inflación y disparan las ganancias" (14 de mayo de 2023), disponible en: https://elpais.com/mexico/economia/2023-05-14/bimbo-wal-mart-alsea-las-multinacionales-en-mexico-elevan-sus-precios-aprovechando-la-inflacion-y-disparan-las-ganancias.html

Al final del sexenio, circulan rumores de que López Obrador está desilusionado con los resultados en la CFE y Pemex. A principios de 2023, el subsecretario de Hacienda dijo en una entrevista de televisión que la Secretaría ya no apoyaría a Pemex con más transferencias de recursos, por lo que la petrolera tendría que encontrar la manera de pagar los intereses de su deuda. La CFE de Bartlett tampoco llegó a satisfacer las ambiciones del presidente, según dicen fuentes cercanas. Quizás López Obrador descubrió que las empresas, aunque sean del Estado, siguen siendo empresas, por lo que, a diferencia de un partido político, requieren de un conocimiento que él ignora.

El Ejército: Un mal agente económico

Sin duda lo que más llama la atención, además de la amplitud de sus espacios y los acabados, es una terraza, con acceso de la estancia y la recámara principal, que ofrece una espectacular vista panorámica de la zona y al campo de golf.

La descripción suena a tríptico promocional de bienes raíces, pero es de una nota periodística sobre el departamento de lujo, valuado en hasta 30 millones de pesos, propiedad del secretario de la Defensa Nacional (Sedena), Luis Cresencio Sandoval. El 15 de mayo de 2023, los periodistas Verónica Ayala y Raúl Olmos, de Mexicanos Contra la Corrupción y la Impunidad(MCCI), reportaron que una empresa proveedora de Sedena, especializada en equipo militar, le vendió a Sandoval la propiedad. El militar aseguró, sin embargo, que el departamento le costó solo nueve millones de pesos. La empresa que le vendió la propiedad en un exclusivo fraccionamiento en el Estado de México, recibió en 2022 un contrato de 319 millones de pesos por parte de Sedena para suministrar placas balísticas. La empresa terminó incumpliendo el contrato.

Las fotografías que pudo tomar MCCI a un departamento idéntico en el mismo fraccionamiento, pintan una imagen de un general con una vida de opulencia. Los vecinos comparten una larga piscina turquesa rodeada de paredes de cristal en medio de la naturaleza, un gimnasio y una cancha de ráquetbol. Dentro de la propiedad, una amplia cocina tiene electrodomésticos de acero montados sobre acabados de madera. Es posible que el militar no habite dicho departamento, pero la propiedad es suya, como él mismo tuvo que admitir un par de días después de la publicación.

Junto con la CFE y Pemex, las Fuerzas Armadas se han llevado otra gran rebanada del pastel presupuestario desde que llegó López Obrador. De acuerdo con un análisis de la organización civil México Unido Contra la Delincuencia (MUCD), los recursos a cargo de Sedena crecieron 163% entre 2006 y 2021.[1] En el mismo periodo, los recursos administrados por la Secretaría de la Marina aumentaron 119%. A Sedena, López Obrador adjudicó las tareas de construir partes del turístico Tren Maya en la península de Yucatán, así como la construcción de hoteles alrededor del ferrocarril. Le otorgó la construcción y operación del AIFA, y, después, otro aeropuerto en Tulum.[2] Se le ordenó convertir las sucursales del Banco del Ejército (Banjercito) en sucursales del Banco del Bienestar y construir unas 2 400 más. Además, Sedena opera las aduanas. También le dio una aerolínea, con una participación estatal inicial de un millón de pesos y el poder para llevar a cabo todo lo necesario para promover, explotar y prestar el servicio de

---

[1] Admin.mucd, "Informe 'El negocio de la militarización en México' revela un exponencial empoderamiento económico y político de las Fuerzas Armadas en México" (28 de septiembre de 2022), disponible en: https://www.mucd.org.mx/2022/09/informe-el-negocio-de-la-militarizacion-en-mexico-revela-un-exponencial-empoderamiento-economico-y-politico-de-las-fuerzas-armadas-en-mexico/

[2] Diana Zavala, "El recuento: estas son las obras que construye el Ejército" (4 de febrero de 2023), disponible en: https://obras.expansion.mx/infraestructura/2023/02/04/recuento-estas-son-las-obras-que-construye-el-ejercito

transporte aéreo nacional e internacional. Qué cosa tan extraña es imaginar una campaña publicitaria en la que el Ejército, aquellos que recibieron un entrenamiento militar extenuante para protegernos de una invasión, organización que debe despertar en nosotros un patriotismo edificador de la nación, nos ofrezca paquetes para viajes turísticos con descuentos y a meses sin intereses.

Según mis cálculos, AMLO creó ocho empresas paraestatales adscritas a las Fuerzas Armadas, siete en la Sedena y una en la Semar. Antes de AMLO, no existía ninguna. Son tantas las obras que construye y administra el Ejército, que, en abril de 2023, el presidente envió al Congreso una iniciativa para crear una gran empresa militar llamada Olmeca Maya México, que las englobe todas. Para financiarla, pidió que se le quitaran recursos al Fondo Nacional de Turismo.

Entre todas las decisiones que ha tomado López Obrador, incluyendo las más controvertidas, su cercanía con —y el robustecimiento de— las Fuerzas Armadas es la que más incomoda a miembros de su gabinete. Funcionarios de alto nivel confiesan, en *off the record*, que el contexto latinoamericano de dictaduras militares en la historia no muy lejana les genera mucho malestar. Es, quizás, irrelevante si dichos funcionarios han expresado su desacuerdo al presidente. Mi opinión de López Obrador es que es una persona que se rodea de *yes-men*, personas que a todo le responden que sí, porque quienes lo retan, están firmando su carta de despedida.

Los riesgos políticos de un Ejército tan cercano al Ejecutivo no los voy a discutir aquí. Ese es un análisis para un especialista en política, y a mí lo que me compete es advertir sobre el detrimento que esto ha tenido en la economía de México. Entre las razones por las que López Obrador ha dicho que ha adjudicado al Ejército tantas tareas ajenas a la seguridad nacional, están: que es más rápido (porque no se pierde el tiempo en licitaciones públicas de los contratos), porque generará empleos y porque es libre de corrupción. No es descabellado especular que López Obrador tiene razones políticas mucho más concretas que estas que ofrece para justificar su decisión.

Como sugiere la historia del general y su departamento de lujo, el Ejército no es una organización libre de corrupción, sino todo lo contrario. Entre 2013 y 2019, el Ejército desvió 156 millones de dólares a 250 empresas fantasma que supuestamente aportaron insumos y prestaron servicios.[3] Ninguno de los altos mandos que autorizaron las compras fueron sancionados. Durante el primer año del sexenio de López Obrador, la Auditoría Superior de la Federación detectó irregularidades en el desembolso de 246 millones de pesos por parte de Sedena, de manera que no hay rastro del destino del dinero. Sedena aseguró que es un secreto, por ser un asunto de seguridad nacional.

En octubre de 2022, MCCI publicó una investigación sobre documentos *hackeados* a la Sedena que revelan cómo un proveedor de armas para un grupo criminal tenía su base de operaciones en el Campo Militar 1 de la Ciudad de México,[4] y otro, cerca del octavo regimiento en Almoloya. El Ejército les vendía granadas en 26 000 pesos, y los delincuentes hacían pedidos de miles de municiones. En agosto de 2021, mi colega Zorayda Gallegos expuso

---

[3] Zorayda Gallegos, "El Ejército mexicano desvió 156 millones de dólares a empresas fantasma entre 2013 y 2019" (24 de agosto de 2020), disponible en: https://elpais.com/mexico/2020-08-25/el-ejercito-mexicano-desvio-156-millones-de-dolares-a-empresas-fantasma-entre-2013-y-2019.html

[4] MCCI, "#SedenaLeaks revela corrupción militar: venden armas del Ejército a criminales" (8 de octubre de 2022), disponible en: https://contralacorrupcion.mx/sedenaleaks-revela-corrupcion-militar-venden-armas-del-ejercito-a-criminales/

cómo la opacidad protege a Sedena, de manera que algunos de sus miembros han hecho un manejo deficiente y poco escrupuloso de los recursos públicos.[5] Auditorías hechas por la Contraloría General del Ejército y Fuerza Aérea mostraron un patrón: las empresas de Sedena carecen de procesos rigurosos de contratación y, escudándose en la seguridad nacional, han comprado insumos a sobreprecio. Al interior de la militar, se denunció a generales que "han participado o solapado estas irregularidades que apuntan a actos de corrupción".

"Pese al daño al erario que estas deficiencias administrativas han causado, solo 27 miembros de las Fuerzas Armadas fueron sancionados en ese periodo. Entre los castigados apenas figuran tres generales y cinco coroneles, con los castigos más blandos que permite la ley: amonestaciones y suspensiones de un mes", escribió Gallegos en *El País*.

Quizás López Obrador tolera esta corrupción por parte de los militares porque son cercanos a él, y no son empresarios que por años lo pintaron como un peligro para México y les advirtieron a sus empleados, de manera indirecta, que si votaban por él, se podían quedar sin trabajo, como hizo Grupo México, entre otros.[6] [7]

---

[5] Zorayda Gallegos, "Las auditorías al Ejército mexicano revelan negligencias para contratar servicios" (15 de agosto de 2021), disponible en: https://elpais.com/mexico/2021-08-16/las-auditorias-al-ejercito-mexicano-revelan-negligencias-para-contratar-servicios.html

[6] Andrea Navarro, "Segundo hombre más rico de México llama a sus empleados a votar en contra de AMLO" (30 de mayo de 2018), disponible en: https://www.elfinanciero.com.mx/elecciones-2018/segundo-hombre-mas-rico-de-mexico-llama-a-sus-empleados-a-votar-en-contra-de-amlo/

[7] *El Financiero*, "Grupo México advierte en carta a empleados por modelo 'populista'" (29 de mayo de 2018), disponible en: https://www.elfinanciero.com.mx/elecciones-2018/grupo-mexico-advierte-en-carta-a-empleados-por-modelo-populista/

En su cercanía con el Ejército, el Gobierno de AMLO se asemeja a los de Egipto y otros países de medio oriente, me dijo desde Alemania, al teléfono, la académica Elke Grawert, investigadora del Centro Internacional de Bonn para la Conversión. Estos casos, estudiados por la academia, muestran que el hecho de que se adjudiquen contratos al Ejército no los libera del riesgo de redes de intercambio de favores. "Esto no se trata del Ejército como institución, sino de individuos dentro del Ejército que están conectados al Gobierno a través de una relación clientelar", dijo Grawert, coautora de *Businessmen in Arms: How the Military and Other Armed Groups Profit in the MENA Region* (Empresarios en armas: cómo los militares y otros grupos armados se benefician en el Medio Oriente).

En los sesenta y setenta, países como Pakistán, Turquía y Egipto asignaban al Ejército grandes obras de infraestructura, pero estaban a la vanguardia, ya que en ese entonces eran tecnológicamente más avanzados que el sector privado, dice Grawert. Era un momento en la historia en que las constructoras privadas todavía no generaban el *expertise* o las ventajas competitivas especializadas que hoy ofrecen. "Esto ya no es el caso. No hay razones para pensar que el Ejército es necesariamente competente como constructora. La pregunta es: ¿es realmente el Ejército la mejor organización para hacer este trabajo? ¿Realmente superan en manejo de la construcción a empresas privadas expertas?", declaró Grawert.

Si bien es cierto que en México los ingenieros militares tienen la capacidad para construir muchas instalaciones de carácter estratégico, como una base aérea, por ejemplo, este no es necesariamente el factor determinante detrás de tan grandes contratos, afirmó César Gutiérrez, abogado especialista en derecho penal, militar y seguridad nacional. "Los mismos militares le venden la idea de: 'no se preocupe, señor presidente, usted no necesita andar gastando en constructoras porque nosotros tenemos la constructora más grande del país, que son los ingenieros militares, tenemos una mano de obra baratísima porque ya viene dentro de los mismos sueldos del personal militar'", aseguró Gutiérrez.[8]

"¿Cómo cree usted que se siente el soldado o el oficial que tiene que estar trabajando a marchas forzadas para cumplir las nuevas obligaciones que le están dando, pero recibiendo el mismo sueldo? La realidad es que, en México, si tú quieres que las Fuerzas Armadas estén tranquilas y bien, tienes que darles una cuota de poder, es un intercambio de favores", dijo Gutiérrez, y añadió: "Se centralizó el utilizar al Ejército para todo lo que se necesita, sí, pero para todo lo que necesita el presidente".

Sedena subcontrata a otras empresas, grandes, medianas y pequeñas, para sus proyectos, pero no tiene la misma derrama económica que tiene una gran empresa especializada en construcción, y esto tiene que ver con su gobernanza y su razón de ser. Una empresa tiene un solo objetivo: aumentar sus ganancias. Para lograrlo, tiene que crecer, por lo que sus réditos deben reinvertirse dentro de la misma empresa, para explorar en territorios no conquistados. Para asegurarse de que esto no se pierda de vista, las empresas tienen un consejo, el cual, de acuerdo con cada organización, tiene algo de poder sobre las decisiones que toman los ejecutivos de la empresa. Esto varía; en algunos casos, el consejo puede despedir al director general.

El Ejército no tiene como fin generar réditos y no tiene un consejo. Hasta las empresas del Estado tienen un consejo y una estructura de gobernanza corporativa, aunque con muchas fallas

---

[8] Isabella Cota, "El poder del Ejército como agente económico lastra el crecimiento de uno de los motores de México" (4 de julio de 2020), disponible en: https://elpais.com/mexico/economia/2020-07-05/el-poder-del-ejercito-como-agente-economico-lastra-el-crecimiento-de-uno-de-los-motores-de-mexico.html

y debilidades. "En una empresa del Estado, los actores parecieran que tienen no solo una falta de alineación en los objetivos, sino que además responden a múltiples intereses. Los *stakeholders* se vuelven políticos, y además tienes esta búsqueda de generar ingresos adicionales, y creo que es como un tumor que no encontrarías en una empresa privada", opina Sofía Ramírez, de México, ¿cómo vamos? (MCV).

La estructura de la militar está diseñada para defender a una población de amenazas bélicas, específicamente, amenazas externas —por lo que también vale la pena cuestionarnos si la lucha en contra el crimen organizado hecho en casa le debe caer al Ejército—. No está hecha para generar ganancias. Esto se volvió evidente conforme avanzó el sexenio. Si tomamos como ejemplo las sucursales del Banco del Bienestar, cuyo objetivo es, según la Cuarta Transformación, incluir en el sistema financiero a 51% de la población que no tiene una cuenta bancaria, adjudicarle a la militar el proyecto no fue lo más inteligente. Una mente empresarial hubiera identificado que este objetivo se logra mucho más rápidamente y con menos recursos si se impulsa desde la tecnología móvil, como lo han hecho países como Brasil. No es necesario construir 2 400 sucursales para ofrecer servicios financieros a las poblaciones más remotas, y si el Ejército administrara bien los recursos aportados por el Gobierno, lo hubiera identificado. Pero cuando son el presidente del país y el militar de más alto rango los que están a cargo, ¿quién toma las decisiones finales? Y también, ¿quién es el empresario en esa reunión?

La adjudicación directa a Sedena del Banco del Bienestar y del resto de las obras "desde el punto de vista de crecimiento económico, también es mala, pues al no licitarse la construcción de dicha infraestructura bancaria mediante un proceso competido, hay perdidas de calidad, costo, eficiencia y de derrama económica local", escribió el economista Enrique Díaz-Infante, del CEEY, en mayo de 2020, en plena pandemia de la covid-19,[9] cuando la economía más necesitaba los recursos del Gobierno para mantener a flote a las empresas de los mexicanos.

El Ejército tampoco tiene en cuenta la sostenibilidad de los negocios, porque ese no es su trabajo. "La construcción de la refinería de Dos Bocas y la del Tren Maya, por ejemplo, pudieran generar derrama económica local, son proyectos contrarios a los Objetivos Globales de Desarrollo y, por lo mismo, son malas palancas para la reactivación económica", aseguró Díaz-Infante. "El primero fomenta la producción de energías sucias, en vez de renovables. El segundo, generará daño ambiental a la flora y fauna de la región, razón por la que se han opuesto grupos indígenas y ecologistas a su desarrollo", dijo el investigador.

En teoría, los accionistas de las empresas del Estado somos los ciudadanos, pero, a diferencia de las empresas que cotizan en bolsa y tienen que responder a inversionistas o las que tienen un consejo proactivo, las empresas del Estado en México no rinden cuentas a los ciudadanos.

A los pocos días de que se publicara la nota sobre Luis Cresencio Sandoval y su departamento de lujo, ocurrió lo que fue, en mi opinión, uno de los eventos más escalofriantes del sexenio. El 18 de mayo, la Suprema Corte de Justicia votó para invalidar un decreto emitido por López Obrador en 2021 que clasificaba sus obras emblemáticas como de seguridad nacional, eliminando los mecanismos de rendición de cuentas a los que está obligado por

---

[9] Enrique Díaz-Infante Chapa, "Construcción y reactivación económica", disponible en: https://ceey.org.mx/construccion-y-reactivacion-economica/

ley, como hacer los contratos de construcción accesibles al público y permitir que afectados acudan a cortes para imponer amparos que paralicen o pongan en pausa la construcción. (Hay que reconocer la ironía: AMLO teme que le hagan a sus obras lo que él hizo con el NAICM).

La votación, con ocho votos en contra y tres a favor, se llevó a cabo poco después de que la Secretaría de Economía anunciara las bases de licitación para contratos de construcción del Corredor Interoceánico del Istmo de Tehuantepec (CIIT), que irá desde Veracruz hasta Oaxaca, y se espera atraiga enormes réditos al sur de México. El CIIT puede ser "una alternativa al canal de Panamá", se ha dicho por años. Este es un proyecto que los Gobiernos de Fox, Calderón y Peña habían querido hacer y no pudieron. Resulta que hay un tramo del proyecto en donde Grupo México, uno de los conglomerados más grandes del país, ya opera. Supongo que el Gobierno de López Obrador y Germán Larrea, dueño y director de Grupo México, ya habían entrado en conversaciones sobre cómo compartir, dividir u operar el tramo en conjunto. Supongo que no habían llegado a ningún lado, porque el 19 de mayo de 2023, un día después de la votación de la Corte Suprema, Grupo México anunció que la Marina llegó a "ocupar" sus instalaciones en ese tramo, cumpliendo un decreto presidencial publicado en el Diario Oficial de la Federación que ordenaba la ocupación "temporal" por parte de, y esta es la clave, una empresa llamada Ferrocarril del Istmo de Tehuantepec. La empresa es del Ejército.

Con todo su peso, el Ejército llegó a intimidar a la que, en términos económicos, es su competencia. La señal de López Obrador a la Corte es clara: sus proyectos van por que van, y si tiene que poner una pistola en la sien de un poderoso tercero, lo hará. No es tan diferente a las tácticas monopólicas de las cerveceras en los setenta y ochenta, pero sí es más aterrador, porque las cerveceras no tienen tanques. Y si a la aerolínea comercial del Ejército le va mal, ¿van a ocupar las oficinas de Volaris? ¿Quién garantiza que no?

A lo largo del siglo XX, los militares en distintos países en desarrollo adoptaron roles como propietarios y gerentes de empresas económicas que constituyen una fuente importante de autonomía financiera e institucional del estado y la sociedad, como documentó la profesora Kristina Mani, de Oberlin College, en Estados Unidos, en un extenso artículo académico.[10] Mani se enfocó en tres casos: Pakistán, China y El Salvador, y encontró que "el espíritu empresarial militar es perjudicial para el logro o el mantenimiento del profesionalismo militar y que es bastante duradero porque se adapta a las condiciones prevalecientes del mercado y, por lo tanto, puede capear cambios importantes hacia la democracia y el mercado".

Mani no es la única experta que advierte de los riesgos de hacer del Ejército un conglomerado de empresas cercanas al poder Ejecutivo. En 2012, la organización de investigación y análisis Transparencia Internacional (TI) publicó un reporte en donde asegura que el fenómeno de empresas propiedades de militares es un "fenómeno sorprendentemente común y está abierto a una amplia gama de posibles abusos". Un empresariado militar plantea un desafío para el desarrollo de relaciones civiles-militares democráticas y, por extensión, para el desarrollo de la democracia liberal, dijo TI.

TI no ha sido, históricamente, mi *think tank* favorito. Fundada por exempleados del Banco Mundial, coincido con su visión

---

[10] Mani, K. (2007), "Militaries in Business: State-Making and Entrepreneurship in the Developing World", *Armed Forces & Society*, 33(4), 591–611. Disponible en: https://www.jstor.org/stable/48608602

democrática y multilateral, pero suele ser, en mi opinión, un tanto eurocéntrica y, hasta hace poco, depositaba toda la responsabilidad en los gobiernos, sin pedir rendición de cuentas a las empresas trasnacionales que ejercen enorme poder. En el mismo reporte, por ejemplo, TI asegura que ofrecerles empresas a los militares los corrompe, y que "las empresas internacionales evitan las economías corruptas". Eso no es cierto. Las empresas pagan los sobornos que pueden a quien tengan que hacerlo para poder operar. Es más rentable para las empresas abrir una fábrica en el Estado de México, pagar mordida al municipio, al grupo criminal a cargo y funcionarios federales, que abrir la misma fábrica en Canadá o en Noruega, en donde pagarían salarios dignos, seguridad social y altos impuestos. La práctica es tan común que tiene sus siglas, CDB, por *Cost of Doing Business*. Si empresas internacionales deciden no operar en economías corruptas, quizás es porque no les alcanza. Recuerdo que, hace unos años, en un desayuno con un socio de uno de los grandes bufetes internacionales, el abogado hizo un comentario casual sobre cómo la inseguridad y la corrupción en México no asustan a las empresas globales. "Si hacen negocios en Nigeria, claro que hacen negocios acá", dijo.

Habiendo dicho esto, el valor del reporte de TI radica en sus principios democráticos, su entendimiento de la política económica y en que es una de las pocas organizaciones que ha hecho investigación sobre el tema a una escala internacional. Muchos de los puntos que revisa son importantes para el caso mexicano.

"Las empresas propiedad de militares son empresas inherentemente riesgosas para cualquier país debido a las posibles consecuencias", advierte TI. "Los compromisos comerciales son perjudiciales para la profesionalidad de las fuerzas armadas, ya que sirven como una gran distracción de sus funciones principales. Una de las consecuencias más dañinas de tales prácticas, es que el elemento lucrativo genera corrupción dentro de las fuerzas armadas... la escala y el tipo de corrupción, varían. En casos más extremos, la corrupción abarca la malversación de fondos estatales, el fraude fiscal e incluso prácticas coercitivas brutales sobre los trabajadores. Una vez que los militares comienzan a participar en actividades económicas, a menudo es difícil poner fin a tales prácticas", dice el texto.

Académicos y activistas han documentado casos en los que los militares desalojan por la fuerza a comunidades enteras para obtener un mayor acceso sin restricciones a recursos naturales como agua, minerales o tierras. En muchos países, asegura TI, el ejército es la única institución capaz de monitorear y hacer cumplir las regulaciones gubernamentales con respecto a la explotación de los recursos naturales, por lo que ser juez y parte en empresas con fines de lucro, es un conflicto que deja desprotegida a la población.

"Ha habido múltiples casos documentados en los que las fuerzas armadas se han involucrado en el sector de los recursos naturales, ya sea directa o indirectamente. En ambas situaciones, las fuerzas armadas se han beneficiado sustancialmente de su participación en este sector. Estos compromisos han resultado en que los militares a menudo emprendan actividades ilegales como la tala ilegal y el contrabando de petróleo", asegura TI.

Hablando de petróleo, los casos de Pemex y de la CFE aportan a los argumentos en contra de hacer del Ejército un gran agente económico. Viendo sus utilidades netas, las empresas se ven saludables, pero al restar el costo operativo, tienen pérdidas o bajas ganancias (dependiendo del período). "Encima, le impones una carga fiscal", explicó Ramírez, "esa transversalidad de la carga fiscal acaba contaminando prácticamente todas las demás lógicas económicas y administrativas dentro de la propia empresa porque, si de todas maneras la empresa no va a reinvertir y no va a crecer, no se va a hacer más eficiente. Puedes tener un sindicato que va a decir 'yo voy a hacer mis rentas lo más altas posibles, porque, de todas maneras, de aquí no va a pasar. Voy a darle gusto a la directiva, a darle gusto al poder político en turno, que puede tener una ideología específica distinta a la de generar una empresa más productiva'. Y, además, tienes al fisco chupando prácticamente toda la rentabilidad de la empresa", dijo Ramírez.

En la CFE y Pemex se está priorizando un objetivo distinto a la prioridad nacional, que es generar réditos. "Entonces creo que tienes muy claro que el tema con las paraestatales y con el Ejército es que tienen una serie de objetivos que no son compatibles con hacerlas ni más eficientes ni más productivas.

"Y en el caso del Ejército, este tiene una lógica distinta porque tiene el componente adicional de que construye rápido y sencillo, por seguridad nacional. Esta es como una especie de advertencia: 'soy seguridad nacional, no tengo que rendir cuentas'. Eso sí puede hacerlo más eficiente, pero también lo hace mucho más oscuro y mucho menos transparente. Y en el largo plazo, menos eficiente para los beneficiarios, que tendríamos que ser los ciudadanos, que seríamos los dueños de las empresas, incluyendo al Ejército", opinó la economista.

El costo de la corrupción:
"O hay corrupción, o no hay nada"

A PRINCIPIOS DE 2019, MI COLEGA ADAM WILLIAMS Y YO ESPERAMOS EN un pequeño café de la colonia Condesa a una eminencia en materia energética en el país. Yo la conocería por primera vez en persona, y su impecable reputación me tenía entusiasmada. Mujer, con todo el conocimiento de una funcionaria tecnócrata del Gobierno de Peña, esta respetada profesionista había trabajado de cerca con una persona que Adam y yo estábamos investigando en ese momento. En México, las expectativas que tenemos de nuestros funcionarios públicos son tan bajas, que cuando uno tiene reputación de honestidad, decimos "es uno de los buenos". El encuentro terminó siendo una profunda decepción y una lección sobre cómo funciona la corrupción en México.

En realidad, esta historia empezó un poco antes, en abril de 2018, cuando una fuente le dijo a Adam que un funcionario de la CFE, Guillermo Turrent, había abierto una empresa comercializadora de gas natural en Texas, llamada WhiteWater Midstream, para auto adjudicarse contratos multimillonarios. Turrent había llegado a México como director de Modernización de la CFE, y después se convirtió en el primer director general de la CFEi, empresa privada —filial de la CFE— y creada en el extranjero a partir de la reforma energética de Peña. (Con la llegada de Bartlett, su puesto lo tomó Miguel Reyes). Durante años, Adam y yo investigamos la acusación y, aunque no es posible comprobar que Turrent es el dueño de la comercializadora, sí encontramos evidencia que sugiere un conflicto de interés. Lo que empleados y fundadores de WhiteWater tienen en común, es que trabajaron con Turrent en el pasado. Dos de ellos, incluso, habían trabajado con él en Shell durante la crisis de electricidad en California, entre 2000 y 2001. California acusó a empleados de Shell y otras empresas de haberse coludido para manipular el mercado y obligarlos a pagar precios estratosféricos por electricidad, por lo que el Gobierno tuvo que recurrir a impagos que generaron apagones que afectaron a millones de personas, y estuvo a punto de declararse en bancarrota. Se abrió un caso y Shell entregó correos electrónicos, transcripciones de llamadas y chats a las autoridades como parte de la investigación. Turrent y dos empleados, quienes 15 años después abrieron WhiteWater, están entre los acusados y aparecen en esas correspondencias.

—Desde un punto de vista estrictamente ético, ¿tienes algún problema con los apagones? —le preguntó un empleado de Shell a quien era la jefa de Turrent.

—¿Desde un punto de vista ético? No —contestó la jefa de Turrent, de acuerdo con una transcripción.

Una noche de domingo, en octubre de 2018, después de horas de explorar resultados de Google con los nombres de Turrent y los ejecutivos de WhiteWater, encontré estos documentos, parte del inconcluso caso en Estados Unidos. Esto comprueba los lazos entre ellos y establece un precedente de mala conducta. Además, una fuente nos filtró los términos del contrato más grande que la CFEi le dio a WhiteWater en 2017, un documento oficial que muestra cómo Turrent comprometió a la CFE a comprar un altísimo volumen de gas natural — entre 15% y 20% del total de las importaciones del país— durante 15 años a WhiteWater. El valor solo de ese contrato, uno entre varios otorgados a WhiteWater, fluctúa con los precios diarios del gas natural, pero según la CFE, le cuesta a la paraestatal unos 3 millones de dólares diarios. En un correo de 2016 entre Turrent y los inversionistas que pusieron el capital semilla para WhiteWater, Turrent hace referencia al enorme contrato y les asegura que "se ocupará de ello con la gente de WhiteWater", a pesar de que el contrato no fue licitado hasta un año después —y ¡oh, sorpresa! Lo ganó WhiteWater—. Tres fuentes internas, quienes trabajaron directamente con Turrent en esos años, describieron una escena conflictiva. Empleados de WhiteWater estuvieron en las oficinas de la CFEi como "consultores" en las semanas en que esta preparó la licitación que WhiteWater terminó ganando. Ambos excolegas recibieron contratos de la CFE y la CFEi antes de juntarse para abrir WhiteWater. Dos fuentes, externas a la CFE, pero inmersas en el sector energético, nos dijeron por separado que Turrent "presumía" libremente que WhiteWater era su empresa. La evidencia que desenterramos pinta un claro caso de amiguismo, y apunta a un posible desfalco multimillonario al erario en beneficio de un exfuncionario. Estimamos que el monto total de todos los contratos otorgados a los amigos de Turrent en esos años suma, por lo menos, 15 000 millones de dólares a lo largo de su duración. Contratos, por supuesto, implícitamente respaldados por los impuestos de los mexicanos.

Este fue un trabajo de años que valió muchísimo la pena. Días después de que publicáramos el artículo en 2021, titulado "Los ganadores desconocidos de la reforma energética", la CFE contrató a una de las firmas de abogados más cotizadas en Estados Unidos para representarlos en un caso civil en contra de Turrent y su mano derecha, Javier Gutiérrez, por corrupción y violación de sus funciones. En su demanda, la CFE asegura que los exfuncionarios "realizaron concursos de licitación falsos para dar una falsa apariencia de equidad y competencia, manipularon la evaluación de las ofertas que surgieron de esos concursos y mintieron a la junta y a los abogados externos sobre lo que estaban haciendo". La CFE abrió otros seis casos en tres diferentes cortes de Estados Unidos con la intención de obligar a WhiteWater, empresas ligadas e inversionistas, a entregar correspondencia e información relacionada con los contratos. En México, la Fiscalía Anticorrupción abrió una investigación en contra de Turrent y un caso contra Gutiérrez que, hasta la fecha, están en un limbo. En 2023, Adam y yo volamos a Dubái, en los Emiratos Árabes Unidos, para recibir el Premio Internacional al periodismo Fetisov, en la categoría de Periodismo de Investigación, por este trabajo.

En Estados Unidos, la defensa de Turrent y Gutiérrez pidió detener el caso argumentando que la CFEi debió haber realizado una "exhaustiva debida diligencia" para detectar irregularidades "antes". Sí, la misma CFEi que ellos dirigían previamente. El juez respondió incrédulo: "¿Es el corazón de su argumento que el demandante no hizo la debida diligencia que habría revelado el mismo delito que acusa a los demandados de haber cometido si hubiera estado allí para ser descubierto?", preguntó al abogado de los acusados, de acuerdo con la transcripción de la audiencia en marzo de 2023. Sin recular, el abogado ofreció una respuesta sin sentido. El juez desechó la petición de Turrent y Gutiérrez y el caso sigue avanzando.

Pero en ese café, en enero de 2019, con la respetada fuente, todavía no sabíamos todo lo que sabemos hoy, y ella, después de un rato de conversación agradable, se puso muy nerviosa cuando mencionamos a WhiteWater, aun cuando dejamos claro que todo lo discutido permanecería *off the record*. Cambió de tema y habló maravillas de Turrent, diciendo que era un "genio" y que era una persona que sabía lo que era necesario para hacer negocios en el sector. No hay duda de que Turrent es un hábil tecnócrata con valiosa experiencia, de esos que ya no existen en los puestos de poder del Gobierno porque la Cuarta Transformación es alérgica a todo experto que se base en la ciencia y las mejores prácticas. (Tecnócratas como Turrent, dicho sea de paso, son los que legitiman los ataques por parte de López Obrador). Pero sus halagos se sentían como una defensa. Adam y yo terminamos la reunión confundidos. Quizás nuestras expectativas de una funcionaria considerada honesta y "de las buenas" eran demasiado altas.

Unos días después, esta persona me llamó por teléfono para decirme que "lo que debería estar investigando" era otra cosa, como los reguladores del sector bajo la administración de AMLO. Esta estrategia de pantallas (no mires aquí, ¡mira allá, mejor!) no solo es condescendiente, también es la más trillada y predecible de todas. Lo único que logró fue confirmar mis sospechas de que ella sabía algo del negocio sucio, al grado de tomarse el tiempo para llamarme por teléfono y tratar de descarrilar mis esfuerzos por exponer la verdad.

Sin fuentes de información, no hay periodismo, y sin periodismo, no hay democracia. Los periodistas dependemos de los documentos que podamos encontrar, pero más que nada, dependemos de fuentes valientes que se atrevan a exponer la corrupción, las violaciones de derechos humanos, los abusos, los crímenes. Sin evidencia, no hay justicia.

Hay un tipo particular de hipocresía normalizada en cierto nivel de la élite mexicana que ahora entiendo mejor que antes. En este medio, en el que convergemos técnicos especialistas, líderes de opinión, académicos, inversionistas, tomadores de decisiones y funcionarios, todos nos quejamos amargamente de la corrupción. Hay debates recurrentes sobre si la corrupción es cultural, si es sistémica, si tiene remedio, si no. Si empieza desde abajo, con el tránsito mordelón, o si se riega desde mero arriba, en la federación. Si la culpa es del PRI o si tiene sus orígenes en los colonizadores españoles. Si es imposible erradicarla sin erradicar primero la pobreza. Las vueltas que le damos todos al asunto, indignados, dibujan una espiral. Pero cuando llega el momento de decir algo sobre la corrupción de guante blanco que presenciamos, cuando llega el momento de denunciar a los jefes, a los colegas, a los amigos, nadie lo quiere hacer.

En el proceso de esta investigación, me reuní en varias ocasiones con un exempleado de una empresa del Estado, y en una ocasión me dijo algo que me pareció desesperanzador y muy revelador de nuestra cultura. Lo que ha resultado evidente con la administración de López Obrador, dijo, es que "o hay corrupción, o no hay nada". Sabemos que la caída del sector de construcción tiene parcialmente que ver con la idea que tiene AMLO de que, entre menos obras, menos corrupción habrá para manchar su pulcra imagen. Esto tiene un impacto directo en la economía, porque limita la inversión, los puestos de trabajo y la derrama en general. Pareciera que la idea que hemos normalizado los mexicanos es que, si queremos que el país se desarrolle, que se construyan las carreteras y puentes que necesitamos, que se invierta en la educación que queremos y que se atienda la salud como merecemos, tenemos que aguantar una cuota de corrupción en el proceso. Pareciera que los mexicanos pensamos que una cosa viene con la otra y no hay nada por hacer.

Yo sé que esto no es cierto, porque lo he visto con mis propios ojos. El mejor ejemplo no es nuestro vecino del norte, sino países en Europa, la propia Unión Europea o Canadá, en donde existen fuertes organismos de vigilancia, donde existe la justicia y en donde los ciudadanos se sienten seguros rompiendo con la complicidad que le da oxígeno a la corrupción.

"Entiendo tu molestia, la entiendo al cien por ciento, pero también entiendo que ella puede tener miedo", me dijo Liliana Alvarado, directora del centro de investigación y análisis independiente Ethos, sobre mi experiencia con la exfuncionaria del sector energético. Maestra en políticas públicas por la London School of Economics y exfuncionaria de la Secretaría de Hacienda, Alvarado ha estudiado y analizado la evolución de la corrupción en México con un enfoque en el Sistema Nacional Anticorrupción, fundado en 2016. Sin revelar la identidad de la persona en cuestión, mi pregunta para Alvarado fue más amplia: ¿es así es como funciona la corrupción en México, con tapaderas de complicidad?

"Siento que en esta administración hay un terror psicológico que no había en la administración pasada", dijo Alvarado, "la gente tiene mucho miedo de hablar, de que la asocien con tal o cual. La verdad, es que está muy turbio, y no te podría decir cómo están las revanchas entre la administración pasada y la actual, pero sí sé de mucha gente de esta administración que se siente controlada, que siente que debe tener la boca bien callada".

Esto es algo que he escuchado mucho entre mis fuentes en este sexenio, y viendo cómo se utilizan las conferencias de prensa matutinas para hacer ataques personales, no lo dudo. Un caso muy claro fue el de Guillermo García Alcocer, ex comisionado presidente de la Comisión Reguladora de Energía (CRE), una de las instituciones blanco de la Cuarta Transformación. López Obrador inició una campaña para presionar a García Alcocer a renunciar, lo acusó de estar coludido con el sector privado y de tener conflictos de interés. García Alcocer respondió diciendo que no renunciaría. Los ataques de AMLO escalaron y el Gobierno abrió una supuesta investigación. Siete meses de presiones después, García Alcocer renunció y la entonces secretaria de la Función Pública, Irma Eréndira Sandoval, inhabilitó al exfuncionario por 10 años. Si alguna vez García Alcocer abusó de su poder y violó la ley, el Gobierno de AMLO nunca mostró pruebas ni acudió a la justicia.

La intimidación y la humillación pública son solo un par de armas en el arsenal de la 4T. La incompetencia y la ignorancia son otras. Una de las conversaciones más surreales que tuve durante este sexenio, fue con un funcionario de nivel medio en el Banco del Bienestar, organización caótica e ineficiente que, cerca del fin de la administración, no ha logrado ninguno de los objetivos que se le pusieron. A partir de reportes en diversos medios, cuestioné al funcionario sobre acusaciones de que el Gobierno Federal no estaba pagando prestaciones ni incrementos en los salarios a los empleados del banco. Muchos habían sido forzados a renunciar a través de acoso y hostigamiento. Todas estas son violaciones a los derechos laborales, le dije. Muchos de los que fueron obligados a renunciar, tenían ideologías distintas a las del presidente, reconoció el funcionario, además "no es ilegal si el que lo hace es el Gobierno", me respondió, sinceramente.

A la corrupción le ponemos muchos nombres: clientelismo, amiguismo, soborno, riqueza inexplicable, conflictos de interés, desaparición de recursos y malversación de fondos son solo algunos. En su definición más amplia, la corrupción es simplemente el abuso de poder en detrimento de los ciudadanos, y en la administración de AMLO hay muchos ejemplos. Bajo malversación de fondos tenemos el caso de Delfina Gómez, exsecretaria de Educación cercana a López Obrador, quien, como alcaldesa del municipio de Texcoco, entre 2013 y 2015, descontaba 10% del salario de los trabajadores del ayuntamiento para financiar a Morena. El Tribunal Electoral del Poder Judicial de la Federación multó a

Morena por el caso,[1] Gómez dejó la Secretaría de Educación y se convirtió en gobernadora del Estado de México.

Un conflicto de interés es el caso del hijo de López Obrador, quien habitó una mansión de un millón de dólares, propiedad de un alto ejecutivo de una compañía petrolera que tiene contratos con Pemex.[2] En la categoría de riqueza inexplicable, están las 23 casas y dos terrenos de Manuel Bartlett expuestos por Latinus,[3] las cuales se estima que valen 16 veces el monto patrimonial que reportó a la Secretaría de la Función Pública (SFP). La secretaria Sandoval, la encargada de combatir la corrupción, absolvió a Bartlett y vivió su propio escándalo de riqueza inexplicable cuando el mismo medio publicara documentos que muestran que ella y su esposo, John Ackerman, ambos académicos de la Universidad Nacional Autónoma de México, tienen seis casas.[4] Latinus también aseguró que el Gobierno de la Ciudad de México le regaló un terreno y que ambos pagaron cinco de sus seis propiedades de contado en unos cuantos años. Esa no fue la razón por la que López Obrador le pidió a Sandoval su renuncia. Su salida de la SFP se debió a que la funcionaria abusó de su poder para impulsar

---

[1] "El TEPJF confirma la sanción a Morena por el esquema de financiamiento con recursos de los trabajadores del ayuntamiento de Texcoco, Estado de México" (12 de enero de 2022), disponible en: https://www.te.gob.mx/front3/bulletins/detail/4399/0

[2] Raúl Olmos, Verónica Ayala y Mario Gutiérrez Vega, "Así vive en Houston el hijo mayor de AMLO" (27 de enero de 2022), disponible en: https://contralacorrupcion.mx/asi-vive-en-houston-el-hijo-mayor-de-amlo/

[3] "Revela Loret de Mola 'imperio inmobiliario' de Manuel Bartlett" (28 de agosto de 2019), disponible en: https://www.eluniversal.com.mx/nacion/politica/revela-loret-de-mola-imperio-inmobiliario-de-manuel-bartlett/

[4] "Este es el programa en el que Carlos Loret muestra las casas de Irma Eréndira Sandoval", disponible en: https://www.youtube.com/watch?v=RKgF0dWxI0s

una candidatura de su hermano dentro de Morena, en contra del candidato de López Obrador.[5] Luego está el extraño caso de Seguridad Alimentaria Mexicana (Segalmex), el que sin duda pasará a la historia como el mayor caso de corrupción de la administración de López Obrador. Otra empresa paraestatal creada por AMLO, Segalmex responde a la Secretaría de Agricultura y Desarrollo Rural. En 2023, La Auditoría Superior de la Federación (ASF) reportó irregularidades en el gasto de Segalmex por 15 000 millones de pesos durante los primeros tres años de su existencia, mientras que se apilaban 38 denuncias por fraude y desvío de fondos. Desde *El País*, mis colegas encontraron documentos que registran que gastó dinero en carne que nunca recibió,[6] y baterías que nunca puso al mercado...[7] por lo menos en México. "El Gobierno mexicano había decidido que las pilas debían ser consideradas un producto de consumo básico, a la par de alimentos como carnes, lácteos, granos, harinas, pan y enlatados", escribieron Zedryk Raziel y Georgina Zerega. Para supuestamente distribuirlas en poblaciones marginadas, Segalmex compró baterías por alrededor de 15 millones de pesos. La empresa productora de baterías nunca entregó el pedido completo, según dijo Segalmex, y las pilas terminaron vendiéndose en

---

[5] Almudena Barragán, "El incómodo despido de Irma Eréndira Sandoval" (27 de junio de 2021), disponible en: https://elpais.com/mexico/2021-06-28/el-incomodo-despido-de-irma-erendira-sandoval.html

[6] Georgina Zerega, "El fraude de la carne en Segalmex: otro desfalco millonario en el organismo de seguridad alimentaria" (20 de marzo de 2023), disponible en: https://elpais.com/mexico/2023-03-20/el-fraude-de-la-carne-en-segalmex-otro-desfalco-millonario-en-el-organismo-de-seguridad-alimentaria.html

[7] Zedryk Raziel y Georgina Zerega, "El misterio de las pilas marca Segalmex que se venden en tiendas de Polonia" (5 de mayo de 2023), disponible en: https://elpais.com/mexico/2023-05-05/el-misterio-de-las-pilas-marca-segalmex-que-se-venden-en-tiendas-de-polonia.html

supermercados de Polonia. Es chocante y, a la vez, fascinante, ver las fotografías de pilas tamaño AA con el logotipo del Gobierno de México acomodadas en estantes de un país tan lejano que los precios están denominados en zlotys.

En su columna publicada en mayo de 2023 en *El Universal*, Carlos Urzúa calculó que los funcionarios deshonestos del Gobierno de AMLO parecían estar ya cerca de establecer, en términos de daños al erario, un "récord en los anales de la nación. Es probable que cuando se haga un corte final de caja, una vez que pase este sexenio, esta administración se lleve las palmas de oro en la materia".[8]

El exdirector de SEGALMEX, Jesús Óscar Navarro, estuvo entre los 10 detenidos en el caso, pero por lo menos en dos medios de comunicación, entre ellos *Proceso*, fue Navarro quien destapó estos actos de fondos desaparecidos.[9] Este pudiera ser (si se llegara a comprobar) un caso extremo de qué es lo que puede pasarle a alguien que se atreve a denunciar la corrupción, pero hay todo un espectro de ofensas y castigos.

"Hay varios funcionarios públicos cuyo único pecado ha sido renunciar a esta administración", dice Alvarado, de Ethos. "No son casos muy sonados, pero sé de personas que realmente se las han visto negras, se les ha impedido que entren a la iniciativa privada como un marcaje personal, que se les ha inundado con auditorías y peticiones del SAT o de la Función Pública.

---

[8] Carlos M. Urzúa, "La hiedra o la Hidra de la corrupción gubernamental" (22 de mayo de 2023), disponible en: https://www.eluniversal.com.mx/opinion/carlos-m-urzua/la-hiedra-o-la-hidra-de-la-corrupcion-gubernamental/

[9] Ricardo Raphael, "Óscar Navarro: el acusador perseguido de Segalmex" (3 de mayo de 2023), disponible en: https://www.proceso.com.mx/opinion/2023/5/3/oscar-navarro-el-acusador-perseguido-de-segalmex-306390.html

"Vemos el combate a la corrupción con mucha preocupación", agregó Alvarado. En enero de 2022, Transparencia Internacional publicó su Índice de Percepción de la Corrupción en donde México aparece como uno de los países más corruptos en el mundo.[10] Es la nación peor evaluada de la Organización para la Cooperación y el Desarrollo Económico (OCDE), y la segunda peor evaluada dentro de las 20 economías más grandes del mundo. En 2015, cuando se pasó la reforma constitucional que dio paso a la creación del Sistema Nacional Anticorrupción (SNA), había mucha emoción por parte de diferentes actores, entre ellos, el sector público legislador, el sector privado y, sobre todo, las organizaciones de la sociedad civil, recordó la especialista. Fue con esta nueva legislación que se crean la ASF y la SFP. "Estábamos con mucho ánimo de ver un cambio ahí y desafortunadamente, ya han pasado muchos años desde ese momento y nos hemos dado cuenta de que hay muchas debilidades".

La raíz de gran parte de dichas debilidades es la asignación del presupuesto. A lo largo de estos años, desde que se fundó el SNA, Ethos ha documentado cómo una manera de controlar la efectividad del sistema es no asignar los recursos necesarios para que funcione. Algo que ocurre también con el Instituto Nacional de Acceso a la Información y el Instituto Nacional Electoral. Un Comité de Participación Ciudadana (CPC), grupo que se forma para ser puente entre la ciudadanía y los Gobiernos, como parte del SNA, renunció en Ciudad de México por falta de fondos. Ethos encontró que, dentro de las instancias que conforman el SNA, las cuales requieren empleados especializados en la materia, no hay recursos para capacitación.

---

[10] Transparencia mexicana, "Se estanca México en percepción de la corrupción: Transparencia Mexicana" (30 de enero de 2023), disponible en: https://www.tm.org.mx/ipc2022/

Personal que recibió capacitación anti corrupción
a nivel estatal, en 2021

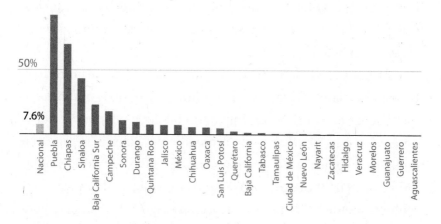

Fuente: Censo Nacional de Gobiernos Estatales de 2022 del INEGI

"Esta es una manera en la que se ha mermado la efectividad del sistema, al no realmente asignarle el presupuesto necesario", aseguró Alvarado, "otro problema también muy grande está relacionado con las designaciones que se han hecho en puestos clave. En las asignaciones en el Comité de Participación Ciudadana, la ley pone reglas muy claras que te dicen que los miembros del comité, tanto a nivel nacional como en los estados, tienen que cubrir ciertos requisitos o tener cierta experiencia, tener un perfil dado. Y te das cuenta de que han llegado a estos CPCs, tanto el nacional como estatales, personas que no cumplen con el perfil". Esto ocurre también en los más altos niveles, como en las fiscalías, en la ASF y la SFP, que están, además, ya muy politizadas. Ethos documentó también resistencia de algunas de estas instituciones a investigar y sancionar grandes casos de corrupción.

Todos los esfuerzos de la 4T por debilitar el SNA culminaron el 18 de abril, cuando López Obrador envió al congreso una iniciativa que desaparecía la Secretaría Ejecutiva del Sistema

Nacional Anticorrupción, la cual ahora opera de manera autónoma para dar seguimiento al cumplimiento de la política anticorrupción. AMLO propone que la SFP absorba esa función, convirtiéndola en juez y parte y, a la vez, concentrando aún más el poder en la federación.

El SNA tiene, además de su razón de ser, que es fortalecer la democracia y el Estado de Derecho, un sentido económico, ya que la corrupción tiene un impacto real en la economía. Según estimados del INEGI, el costo promedio de "mordidas", es decir, el dinero, regalos o favores que se apropian los servidores públicos cuando la población o las empresas realizan algún trámite o servicio, fue de 3 044 pesos por persona en 2021.[11] En el caso de las empresas, el promedio fue de 7 419 pesos en 2020, la cifra más reciente. Las multilaterales han intentado ofrecer una cifra global que cuantifique todos los costos a la economía. El esfuerzo más reciente es de la OCDE, la cual estima que México pierde entre 5% y 10% de su PIB por costos asociados a la corrupción.[12] A nivel mundial, solo los sobornos a funcionarios públicos, que sabemos que es una de las muchas formas que toma la corrupción, le restan 2% al PIB mundial, y 57% de los sobornos en el mundo se relacionan con las compras públicas.

"Pero esa cifra del porcentaje del PIB, ¿qué refleja?", cuestionó Alvarado, ¿cómo medir o cuantificar el efecto de un bosque deforestado por corrupción? ¿O de las especies en peligro

---

[11] "Estadísticas a propósito del día internacional contra la corrupción (9 de diciembre)" (7 de diciembre de 2022), disponible en: https://www.inegi.org.mx/contenidos/saladeprensa/aproposito/2022/EAP_DMC_22.pdf

[12] Elizabeth Albarrán, "Corrupción le cuesta a México entre 5% y 10% del PIB: OCDE" (22 de noviembre de 2018), disponible en: https://www.eleconomista.com.mx/economia/Corrupcion-le-cuesta-a-Mexico-entre-5-y-10-del-PIB-OCDE-20181122-0062.html

de extinción, o la pesca ilegal? ¿Cómo puedes medir el hecho de que haya desvío de recursos y que a la gente no le lleguen sus programas sociales y haya un aumento en la pobreza? "No hay una cifra que de ninguna manera te pueda dejar tranquilo con esas afectaciones que al final tiene la corrupción", sentenció Alvarado.

Es bien difícil saber cuál es el costo de la corrupción, porque tienes un costo de oportunidad muy amplio, explicó Sofía Ramírez, economista en México ¿cómo vamos? "Tienes pago de moches, tienes pagos de mordidas y el uso de suelo, lo que afecta no a las grandes empresas, pero sí a las pequeñas, a las empresas más chiquitas". Académicos como Luis de la Calle argumentan que la extorsión, junto con el esquema de impuestos, es una gran razón por la que las empresas mexicanas no crecen.

"Te extorsiona el Gobierno, te extorsiona el caudillo local, te extorsiona el crimen organizado, te extorsiona el policía de la cuadra, te extorsiona todo el pinche mundo. Entonces no tienes incentivo a tener una empresa bien cuidada en la esquina porque llama la atención y llegan a extorsionar a todos como moscas. Mejor mantienes tu escala chiquita. Y ese es uno de los grandes motivos por los cuales la unidad económica es chiquita y también informal, porque, además, así se ahorran un montón de cosas administrativos asociados a la formalidad. La extorsión y la informalidad están ligadas. Uno de los principales problemas que creo que hay en México es el tamaño de las unidades económicas, que concentran el capital y pagan extorsión sin pagar impuestos, porque pagar ambos no es viable".

Esa es la historia de Hilario Alvarado, como la documentó Ethos en un reportaje publicado desde Zacatecas en febrero de 2022. A sus 67 años, Hilario le contó al periodista Gerardo Romo cómo el préstamo de 5 000 pesos que sacó para surtir la pequeña tienda de abarrotes que habilitó en su casa se fue en pagos a autoridades. El costo de la electricidad fue de 1 100; por el predial, pagó 2 500; 300 más por agua. "Me quedaron como 1 000 pesos para surtir la tienda", dijo Hilario.[13] Unos meses después, llegó un empleado de la municipalidad a cobrarle el costo de la renovación del padrón de empresas. "Eran como 450 pesos y me dijeron que si no pagaba, iban a venir a cerrarme la tienda", dijo.

"Ya estoy pensando en cerrar, pero el problema es que esta es la única fuente de ingresos de la que nos mantenemos mi esposa y yo", aseguró Hilario.

"Cuando te enfocas en los microempresarios, las historias son desgarradoras", dijo Liliana Alvarado, de Ethos. A pesar de esto, una encuesta nacional realizada por Ethos para conocer con más detalle cómo es la percepción de la corrupción en el país, arrojó que solamente 8% de los empresarios encuestados percibe la corrupción como el obstáculo principal en su negocio (aunque la cifra varía en cada ciudad).[14] La razón número uno por la que estos pagan sobornos no es por temor a represalias, sino para agilizar trámites.

"Para muchos de los empresarios, también la corrupción funciona como un aceite", dijo Alvarado, "ya están muy acostumbrados a que la maquinaria se aceita rápido. '¿Tengo un problema? Aquí está la mordida'. Cuando ya es algo que sé que forma parte del día a día, es un lubricante que agiliza y ya no lo ves tanto como un problema, sino que las empresas también lo empiezan a interiorizar. Y ahí es donde llegamos al tema de costos. Si las empresas lo han interiorizado, el costo se ve reflejado en un aumento del precio final del producto o del pago del servicio al consumidor".

---

[13] Gerardo Romo, "La odisea de abrir un micronegocio en México", disponible en: https://ucarecdn.com/8be1ed4e-0a60-4e60-bc7d-89a1abf630dc/

[14] Encuesta de Percepción Empresarial (EPE), disponible en: https://abrirunnegocio.ethos.org.mx/#/encuestas

La fórmula electoral ganadora de López Obrador no es nada del otro mundo y ha sido analizada hasta el cansancio, pero no puede haber un análisis del historial que, en materia de corrupción, no la recuerde. AMLO, el candidato, elevó su credibilidad como el único que podría erradicar la corrupción con su evidente falta de interés en los bienes materiales. Su imagen de clasemediero de pocos recursos era, para muchos, muestra de honestidad. Sin embargo, su administración fue selectiva con los casos de corrupción que mediatizó y desdeñó al poder judicial en su capacidad para hacer cumplir la ley. Temprano en el sexenio, logró encarcelar a Rosario Robles por su participación en la Estafa Maestra, un esquema de desvío de recursos masivo bajo Peña que incluyó a muchos otros funcionarios más (quienes no fueron encarcelados). Logró también que España extraditara a Emilio Lozoya, quien permanece en la cárcel sin una sentencia. Con esto, pintó una palomita junto al pendiente de combatir la corrupción en la lista de promesas.

López Obrador toleró, protegió y, en algunos casos, impulsó a sus aliados aun cuando fueron expuestos como presuntos corruptos. Debilitó el sistema diseñado para combatir la corrupción desde la sociedad civil, mismo que apenas empezaba a rendir frutos y al que le debe, en gran parte, la indignación que movió votos a su favor. Su desinterés en combatir la corrupción es tan evidente como su desinterés en la riqueza personal.

Me parece que la lección para los mexicanos es que elegir a un gobernante que no busca enriquecerse a sí mismo, no nos hizo menos corruptos. La búsqueda del enriquecimiento personal de nuestros funcionarios no es la única fuerza que mueve a la corrupción, esa que recorre y se pega a México como grasa en las arterias.

La inseguridad también cuesta:
Un país "sustancialmente menos pacífico"

NUNCA CONOCÍ A FERNANDO, PERO HE CARGADO SU HISTORIA CON-
migo por casi 20 años. En 2007, yo era una joven reportera en *El
Norte*, diario de Grupo Reforma en Monterrey. Tenía poca experiencia y apenas comenzaba mi exposición a la violencia extrema
que burbujeaba ya en esa parte del país. Un año antes, Felipe
Calderón le había declarado la guerra al crimen organizado y
Monterrey empezaba a plagar los titulares a nivel nacional con
balaceras, bloqueos, ejecuciones y ataques a comercios.

Gracias al excepcional trabajo de mi colega María Luisa Me-
dellín, sé que Fernando era alto para su edad, trigueño, de
complexión fuerte, ojos oscuros y cabello muy corto. A sus 11
años, tenía una habilidad natural para los números, por lo que se
desempeñaba como cajero en el Oxxo que administraban sus padres. El 27 de mayo de 2007, de camino a un cibercafé, Fernando
fue secuestrado. Sus padres empezaron a recibir llamadas de los
secuestradores esa misma tarde, exigiendo 1.2 millones de pesos
de rescate. Vecinos de una de las colonias más pobres del Monterrey de ese tiempo, los padres de Fernando se sumieron en la
desesperación. Los secuestradores redujeron su exigencia a
700 000 pesos, pero Édgar Rojas y María Esther Oliva no tenían
esa cantidad.

Las llamadas de los secuestradores cesaron días después, y el 16 de junio, la Policía Federal Ministerial informó que habían capturado a cinco involucrados, entre ellos dos taxistas, un lavacoches y un taquero. El cabecilla del grupo dijo que, cuando sintió que las autoridades se acercaban, estranguló al menor para después mutilarlo. Sus restos fueron encontrados en bolsas negras de plástico dos semanas después.

Uno de los secuestradores dijo que "la familia de Fernando iba a recibir más de 700 000 pesos por una concesión de una tienda Oxxo, dinero que pretendían cobrar como rescate", según la nota de *El Norte* publicada dos días después de que encontraran el cadáver del niño.

México ha conocido y se ha conmovido por historias tan horríficas como esta durante mucho tiempo, especialmente en los últimos 20 años, en los que la violencia que tuvo su raíz en el narcotráfico mutó hasta convertirse en una serpiente de mil cabezas. Son pocas las historias que se quedan con nosotros. Para mí, este detalle de la concesión como rescate hizo que la historia de Fernando me punzara y se clavara en mi conciencia tantos años después. Es un error muy común pensar que estas tiendas de autoservicio de Femsa operan como franquicias, cuando en realidad operan a través de contratos otorgados a quien esté interesado en administrar una sucursal a cambio de una comisión. No es necesario contar con recursos de cientos de miles de pesos para "tener" un Oxxo, porque Femsa es la dueña, es quien elige el terreno, lo compra y construye la tienda. Para ser administrador de un Oxxo, simplemente hay que tener cierto nivel educativo y cumplir ciertos requisitos.

La historia de Fernando no solo retrata a un México víctima de la estupidez, la ignorancia, la maldad, la inhumanidad, la ambición, la pobreza y, por supuesto, la violencia. También dice mucho de la percepción del empleo formal, de los negocios y de la riqueza.

Un año después, salí de *El Norte* para estudiar la maestría en Europa. Mi último día en esa redacción fue el primero en que guardias armados rodearon todo el edificio, cosa que permaneció de manera intermitente por algunos años. Para 2008, los regiomontanos ya nos habíamos acostumbrado al sonido de helicópteros sobrevolando la ciudad a impredecibles horas del día. Era imposible saber quién viajaba en esos helicópteros y si estaban ahí para protegernos o asustarnos. Salí de ahí con mis pertenencias amontonadas en una bolsa. Mis amigos y colegas me decían que era buen momento para irme de Monterrey porque "estaba fea la cosa". Entre 2010 y 2012, cinco instalaciones de *El Norte* fueron atacadas con disparos y explosivos.

La situación en Nuevo León ha mejorado desde que Fernando fue asesinado, pero a nivel nacional, la inseguridad ha empeorado. De nada sirvió que Calderón desplegara al Ejército en las calles de las ciudades con mayor violencia ni que Peña triplicara el número de militares destinados a operaciones "mixtas" que incluyen la seguridad pública.[1] Con cada sexenio, desde Calderón, se rompe el récord de homicidios dolosos, que refieren a asesinatos intencionales.

Como candidato, AMLO prometió regresar a los militares a los cuarteles, pero hizo todo lo contrario. Les dio más presupuesto que nunca, los enriqueció con negocios y empresas y los desplegó con tareas policiales. A pesar de la gran tajada del presupuesto que recibe la Secretaría de la Defensa Nacional (Sedena),

---

[1] Daniel Wilkinson, "México: La militarización de la seguridad pública" (2 de octubre de 2018), disponible en: https://www.hrw.org/es/news/2018/10/04/mexico-la-militarizacion-de-la-seguridad-publica

Homicidios dolosos en México

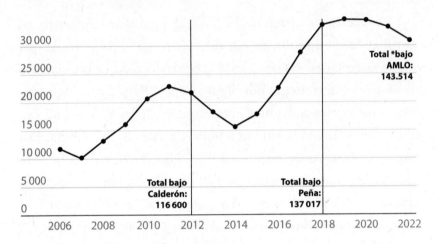

Fuente: Sistema Nacional de Seguridad Pública (SNSP)   * Hasta abril de 2023

no sabemos con precisión cuánto de este dinero se va a construir obras, operar aduanas, administrar sus empresas o a su labor de seguridad pública. La creación de la Guardia Nacional, con más de 100 000 miembros mayoritariamente militares,[2] se anunció como un mando civil. Pero, desde un principio, ha estado prácticamente en manos de Sedena. Para abril de 2023, la administración de López Obrador ya había acumulado más asesinatos que la de Peña, con un total de 143 514. El 2019 se coronó como el año más violento en la historia de México, con 34 720 homicidios dolosos registrados por el Sistema Nacional de Seguridad Pública. Estas cifras no incluyen a las más de 100 000 personas registradas como desaparecidas, otra forma de violencia utilizada por grupos armados para ejercer su poder, las cuales también han ido en aumento bajo esta administración.

---

[2] WOLA, "México profundiza la militarización. Los hechos muestran que es una estrategia fallida" (2 de septiembre de 2022), disponible en: https://www.wola.org/es/analisis/mexico-profundiza-militarizacion-hechos-muestran-estrategia-fallida/

Hay muchas maneras de espantar la inversión. Una de ellas es utilizar a las fuerzas armadas para expropiar operaciones o terrenos en manos de empresas privados —como AMLO lo hizo con Grupo México—. Otra es crear las condiciones para que el crimen organizado, armado hasta los dientes, se coordine para infligir terror en la población, como vivieron habitantes de Jalisco, Michoacán y Baja California en los días entre el 9 y el 12 de agosto de 2022. Grupos criminales se coordinaron para bloquear vías, incendiar coches, tirar balazos a la población y atacar comercios. Las fotografías parecieran salidas de una zona de guerra porque lo es, esta fue una guerra entre ellos y las autoridades en donde los ciudadanos fueron rehenes. Se estima que 260 personas murieron en esos días de terror. "En mis 60 años viviendo en esta ciudad, nunca se había visto algo así", me dijo Gilberto Leyva, expresidente de la cámara de comercio local en Tijuana, "los pocos negocios que abrieron lo hicieron con muchas precauciones… se miraba sola la ciudad".

Tanto tiempo ha estado México metido en esta situación, que ya está ampliamente documentado en estudios académicos que las altas tasas de criminalidad e inseguridad son un obstáculo para el desarrollo económico porque degrada la calidad de vida y deteriora el clima de negocios —por lo que baja la inversión—. La inseguridad "genera un alto costo de oportunidad de los recursos destinados a seguridad, así como una percepción negativa de los ciudadanos sobre la efectividad del Estado en el combate al crimen, lo que redunda en la disminución de la calidad de la democracia, entre otros efectos", escribió en 2014 el académico Salvador González, de El Colegio de la Frontera Norte, en su estudio "Criminalidad y crecimiento económico regional en México".[3]

---

[3] Salvador González Andrade, "Criminalidad y crecimiento económico regional en México" (4 de julio de 2013), disponible en: https://www.scielo.org.mx/scielo.php?script=sci_arttext&pid=S0187-73722014000100004

En 2022, un grupo de investigadores del centro de investigación independiente México Evalúa, junto con el Center for International Private Enterprise (CIPE, por sus siglas en inglés), la Universidad de California San Diego (UCSD, por sus siglas en inglés) y Global Initiative Against Transnational Organized Crime, realizaron un estudio titulado "Extorsión empresarial y seguridad pública en Tijuana: ¿quién protege a quién?" en el que encontraron, entre otros hallazgos, que el cobro por "pagos de protección" que el crimen organizado exige a negocios va desde 400 pesos semanales hasta 3 000 dólares por mes, luego de un pago inicial de 5 000 dólares. Lo llaman el "impuesto criminal". Mucho se habló durante los últimos años del sexenio de López Obrador sobre la histórica oportunidad que representa el *nearshoring*, o la reubicación de empresas norteamericanas de China a países considerados aliados del libre comercio con Estados Unidos. México está, en teoría, mejor posicionado que ningún otro país de renta media para atraer este particular tipo de inversión.

"Esta promesa de traer estas actividades a México, sobre todo en un contexto donde Estados Unidos y China están confrontados, pareciera ser una oportunidad con grandes incentivos económicos", me dijo Cecilia Farfán, jefa de seguridad en el Centro de Estudios México-Estados Unidos, en la UCSD, y una de las autoras del reporte, "pero, mientras nieguen que también hay estas realidades en las ciudades, no sé qué tan viable puede ser".

Si bien las cifras de homicidios dolosos y de desapariciones sustentan la tesis de que la militarización por parte de López Obrador no ha ayudado a contener la inseguridad, hay datos que sugieren que sí. Por ejemplo, el *think tank* internacional Instituto para la Economía y la Paz (IEP, por sus siglas en inglés), encontró que entre 2020 y 2022, el impacto económico de la violencia mejoró, disminuyendo en 5.5%. Su cálculo del impacto económico de la violencia en 2022 fue de 4.6 billones de pesos (230 000 millones de dólares) equivalente a 18.3% del PIB. Esto incluye costos directamente atribuibles a la violencia o a su prevención, pérdidas a mediano y largo plazo derivadas de actos de violencia y beneficios económicos perdidos por invertir en la contención de la violencia y no en otras actividades más productivas. La cantidad de dinero gastado por las empresas para protegerse contra el crimen se redujo en 51% —o 76 000 millones de pesos— entre 2019 y 2021. Estos hallazgos están en línea con datos del INEGI, que muestran un salto inicial en este gasto por parte de empresas entre 2018 y 2020, para luego registrar una caída importante en 2022.

Las cifras muestran una mejora, pero siguen siendo negativos. IEP encontró que la diferencia en el impacto económico entre los estados menos y más pacíficos, se ha duplicado desde 2015. El homicidio representó 44.7% del impacto económico de la violencia, equivalente a dos billones de pesos —103 000 millones de dólares—. Entre 2015 y 2022, el impacto del aumento de homicidios resultó en una pérdida de 324 000 millones de pesos —16 000 millones de dólares— en Inversión Extranjera Directa (IED).

"Esta estimación del costo de la IED que se produce aquí se basa en los impactos directos. Debido a esto, puede considerarse conservador", escribieron los analistas de IEP en su reporte para el 2022.[4] "En realidad, las pérdidas económicas resultantes de la disminución de la IED probablemente sean mucho mayores, ya que la IED en un país mejora las perspectivas de empleo de la fuerza laboral y aumenta los ingresos de los trabajadores. Además,

---

[4] IEP, *Mexico Peace Index 2023: Identifying and measuring the factors that drive peace* (25 de mayo de 2023), disponible en: https://www.visionofhumanity.org/wp-content/uploads/2023/05/ENG-MPI-2023-web.pdf

las entradas de IED inyectan nuevos activos de capital. Dichos activos de capital también transfieren habilidades y conocimientos al país receptor a medida que se capacita y mejora la mano de obra. Esto aumenta la reserva nacional de capital humano que luego puede aprovechar estas nuevas habilidades en otras partes de la economía. Por el contrario, cualquier pérdida de IED debido a problemas de seguridad, afecta negativamente la capacidad de una nación para innovar en el futuro", dice el reporte.

Gasto de empresas en prevención de seguridad
en millones de pesos mexicanos

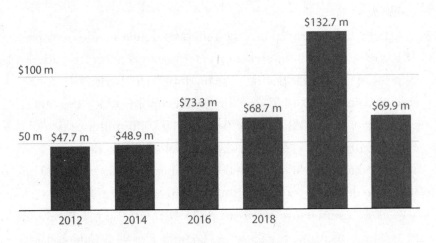

Fuente: Encuesta Nacional de Victimización de Empresas (ENVE) del INEGI

Habrá quienes argumenten que, si las empresas transnacionales pagan sobornos como práctica más o menos normal —el *cost of doing business*—, no es muy diferente pagar piso a grupos criminales. En mi experiencia hablando con funcionarios y empresarios, eso no es así. No cualquiera está dispuesto a entrar en una relación con un grupo criminal que pudiera terminar en la lista de organizaciones terroristas del Departamento de Estado de Estados Unidos, por ejemplo.

Para extorsionar a comercios y empresas, desde chiquitas hasta muy grandes, el crimen organizado recurre a peligrosas tácticas como bloquear entradas a oficinas, fábricas o minas, secuestro de empleados, a veces a cambio de un rescate, a veces a cambio de que les permitan usar parte de su infraestructura o su cadena de logística. Son tantas las maneras en las que el crimen organizado extorsiona a empresas, que es difícil para el inversionista anticipar o prevenir la extorsión. Un buen ejemplo es la construcción del ducto marino de gas natural que la CFE de Peña comisionó a dos empresas extranjeras para conectar Texas con Veracruz. ¿Por qué se decidió hacerlo en medio del mar y no bajo tierra? De acuerdo con una fuente con conocimiento del acuerdo, fue porque anticiparon que grupos criminales bloquearían la construcción a cambio de una comisión.

Cabe mencionar que esto lo hacen también las autoridades locales, como está documentado en el caso de la empresa de ingeniería, logística y energía canadiense ATCO, en Hidalgo. Con la reforma energética de 2013, ATCO pudo iniciar la construcción de un ducto que suministraría a la CFE de gas natural. Casi terminado el ducto, se toparon con un alcalde que se negó a la venta de dos parcelas y caminos necesarios para completar la construcción. ATCO dijo a los medios que el edil pidió un pago a cambio a manera de extorsión,[5] el cual se negaron a pagar. Con la llegada de Bartlett, la CFE canceló el contrato que tenía con ATCO. La empresa canadiense terminó cediendo el ducto a la CFE a cambio de una indemnización.

---

[5] Miguel Ángel Martínez, "ATCO prevé denunciar por extorsión a ex alcalde de Atotonilco de Tula" (3 de marzo de 2016), disponible en: https://hidalgo.quadratin.com.mx/municipios/regiones/ATCO-preve-denunciar-por-extorsion-a-ex-alcalde-de-Atotonilco-de-Tula/

Es posible que, en el caso del ducto marino, la ubicación estratégica haya funcionado, pero ni siquiera operar en el mar es garantía de seguridad. Las plataformas petroleras de Pemex y de sus contratistas en el Golfo de México han padecido múltiples asaltos por grupos armados. Los criminales se roban todo el equipo, mismo que aparece después a la venta en Campeche, en donde las empresas se ven obligadas a comprar su propio equipo después de ser robado.

—¿Son los cárteles de la droga los que controlan partes de México y no el Gobierno de México? —le preguntó un senador republicano en Estados Unidos el 22 de marzo de 2023 al secretario de Estado, Antony Blinken, durante una audiencia.[6]
—Creo que es justo decir que sí —respondió Blinken.

Me parece totalmente válido debatir sobre las intenciones o maniobras políticas detrás de esta pregunta y su respuesta. Lo que vimos desde finales de 2022 y durante 2023 fue, en mi opinión, una ofensiva mediática por parte de Estados Unidos, en contra no solo del Gobierno de López Obrador, sino de la imagen de México. No hace falta ser un experto para ver que este tipo de mensajes comenzaron a salir del Gobierno de Joe Biden cuando se empezaron a mover las fichas electorales. Pero esto no invalida lo dicho por Blinken. El 2011, año en que surgieron las autodefensas en Michoacán, pudiera considerarse un punto de inflexión en el Estado de Derecho en México, en donde, en efecto, hay lugares en donde las autoridades no son el Gobierno.

6 Adam Shaw, "Blinken says cartels control parts of Mexico, as AMLO downplays fentanyl smuggling" (22 de marzo de 2023), disponible en: https://www.foxnews.com/politics/blinken-says-cartels-control-parts-of-mexico-as-amlo-downplays-fentanyl-smuggling

Lo que distingue a López Obrador de sus predecesores, es que envió mensajes de apoyo o protección al crimen organizado. En octubre de 2019, la Guardia Nacional capturó a Ovidio Guzmán, hijo del Chapo Guzmán, y jefe de uno de los grupos criminales más poderosos del país. Los delincuentes reaccionaron prendiendo fuego a vehículos, bloqueando vías y amenazando a la ciudadanía. El Gobierno de Sinaloa emitió un comunicado pidiendo a la población no salir de casa. Entre las ocho personas que murieron en el enfrentamiento, uno era civil. Todo terminó en unas horas, cuando soltaron a Guzmán. Al día siguiente, López Obrador dijo en conferencia de prensa que él había ordenado su liberación. En 2020, en una visita a Sinaloa, López Obrador se acercó a una camioneta en donde estaba la madre del Chapo para saludarla de mano. Muchos lo criticaron, y él redobló su mensaje defendiendo su comportamiento.

Si había empresas que consideraban invertir en México, pero la situación criminal los hacía dudar, los mensajes del mandatario fueron suficientes para no invertir. Este es un tipo de garantía que las empresas buscan, que las autoridades harán todo lo posible por que su negocio opere libre de las amenazas del crimen organizado. López Obrador no fue un presidente que ofreció estas garantías.

El Gobierno "se está retirando de un montón de frentes", dijo Sofía Ramírez, de México, ¿cómo vamos?, "por supuesto, del económico, pero también del Estado de derecho, y el Estado de derecho es imprescindible para que la economía prospere. Si tú no tienes seguridad pública o no tienes cumplimiento de contratos, nadie va a venir a dejar su lana aquí.

"Y no es que los militares sean malos, pero no tienen ni la capacitación ni las formaciones de atención al público, a la ciudad, a la ciudadanía, ni de protección a los derechos humanos. Tampoco hay mucha claridad, por ejemplo, sobre si la Guardia Nacional puede usar armas de explosivos del Ejército. Ese es un ejemplo muy claro de cómo el Estado se ha ido retrayendo y en el tema económico es igual", dijo Ramírez.

IPS es muy claro en su reporte sobre México, en donde matiza sus hallazgos: "La paz en México se ha deteriorado en 14.8%, con muchos indicadores de delincuencia significativamente más altos que ocho años antes", escribieron los especialistas, "a pesar de las mejoras en los últimos tres años, México fue sustancialmente menos pacífico en 2022 que en 2015".

Asistencia social: "Es para ganar más votos. No piensa en los pobres"

"¿QUIERES QUE SIGAN LAS VACUNAS GRATUITAS?" CUESTIONARON CAR-teles y anuncios *online* en marzo de 2022. La publicidad estaba pegada en postes en la calle, en puentes peatonales y en portales de internet. Así fue la promoción de la revocación de mandato del presidente, un ejercicio no vinculante que nunca realmente ofreció la posibilidad de que López Obrador dejara prematuramente su cargo. El refrendo, en el que un pequeño número de ciudadanos tuvo la oportunidad de votar por que se quedara o se fuera el presidente, fue una poderosa herramienta de propaganda para distraer, polemizar, polarizar e impulsar a Morena en las elecciones que se llevaron a cabo menos de tres meses después en seis estados de la República.

Nunca estuvo claro en los anuncios y pósteres quién había pagado por la publicidad, quizás por eso se atrevían a amenazar al electorado de manera frontal. "Si AMLO se va", otro cartel aseguraba, "están en riesgo las becas a jóvenes y niños, las pensiones a adultos mayores, el metro a cinco pesos, las vacunas y los apoyos a las mujeres en el campo".[1] Para mí, este cartel, esta amenaza,

---

[1] Expansión Política, "#En Fotos l Continúa el despliegue de publicidad para la revocación de mandato" (14 de marzo de 2022), disponible en: https://politica. expansion.mx/mexico/2022/03/14/en-fotos-continua-el-despliegue-de-publici-dad-para-la-revocacion-de-mandato#pid=slide-l

expone en su materia más cruda la infamia de la administración de Andrés Manuel López Obrador.

El presidente le quitó apoyo a los más pobres para ampliar la base de los beneficiarios de sus programas de asistencia social. Si bien las cifras muestran una asombrosa mejora en la situación de pobreza en el país —datos preliminares a agosto de 2023 arrojan que cinco millones de personas habrían dejado de ser pobres bajo esta administración—, esto se debe a un compromiso con Estados Unidos y Canadá, hechos desde la administración anterior. A pesar del avance, 36% de la población permanece en pobreza, y lo que debían ser programas de asistencia social para los más necesitados, se convirtieron en padrones de clientes con los cuales Morena amenazó al electorado.

La administración anterior tenía buenos padrones para implementar sus programas de asistencia social, pero sus esfuerzos fueron insuficientes para reducir la pobreza laboral, aquella en la que el ingreso por trabajo no alcanza para comprar una canasta alimentaria. Según el Consejo Nacional de Evaluación de la Política de Desarrollo Social (Coneval), la administración de Enrique Peña Nieto recibió el país con un nivel de 41.1% de pobreza laboral, y para finales de 2018, cuando llegó al poder la Cuarta Transformación, esta estaba ligeramente por encima de 40.1%. Prácticamente no hubo avance.

Bajo el mandato de López Obrador, la pobreza, en general, bajó de manera importante.[2] El impulso detrás viene, en mayor parte, del incremento en el salario mínimo decretado cada año

---

[2] Viri Ríos, "Cómo se logró reducir la pobreza en México" (2 de agosto de 2023), disponible en: https://elpais.com/mexico/opinion/2023-08-03/como-se-logro-reducir-la-pobreza-en-mexico.html

por el Ejecutivo. Al llegar la pandemia, la contracción de la economía y la ausencia de ayudas a pequeños y medianos negocios que emplean a la gran mayoría de la economía formal, resultaron en una escalada sin precedentes de la pobreza laboral. Su pico fue en el tercer trimestre de 2020, cuando 46% de la población tenía un ingreso insuficiente para alimentarse.

Porcentaje de la población en pobreza laboral
con ingresos insuficientes para comprar una canasta alimentaria

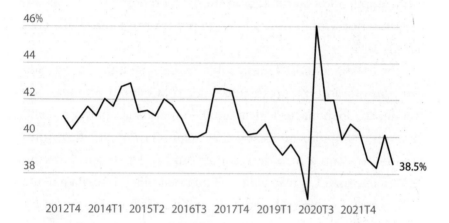

Fuente: Índice de Tendencia Laboral de la Pobreza por Intervalo de Salarios del Consejo Nacional de Evaluación de la Política de Desarrollo Social (Coneval)

Una vez pasado el choque más duro de la pandemia, la pobreza laboral retomó su descenso. En un estudio publicado en mayo de 2023, Gerardo Esquivel, investigador del Colegio de México, ex subgobernador del Banco de México y consejero en la campaña presidencial de AMLO, argumentó que la de López Obrador ha sido una administración redistributiva.

"El tamaño de los aumentos al salario mínimo de los últimos años explica sin duda una parte significativa de la reducción de la pobreza laboral que se ha observado en México desde 2018.

El aumento en los ingresos de los trabajadores en la parte baja de la distribución salarial han más que compensado, en el agregado, cualquier pérdida de empleo o ingresos que pudiera haber ocurrido como resultado de la pandemia. Así, los aumentos al salario mínimo explican en buena medida el carácter redistributivo que caracteriza a los cuatro años de la administración del presidente López Obrador".

AMLO se cuelga la medalla, y es cierto que él ha sido quien ha ido aumentando el salario mínimo año tras año. Pero él solo está cumpliendo con un compromiso hecho desde la administración anterior. Compromiso logrado por las presiones de Donald Trump.

En 2016, cuando Trump subía en las encuestas previas a la elección que lo hizo presidente, viajé a la ciudad fronteriza de Acuña, en Coahuila, sede de maquilas americanas, para ver cómo vivía un trabajador mexicano que, según Trump, le estaba quitando el trabajo a otro de Estados Unidos. La disparidad salarial era enorme. Un trabajador de una maquila en Acuña ganaba 89% menos que un trabajador de una maquila en Kentucky. En Coahuila, uno de los estados con mayor incidencia delictiva y homicidios en ese momento, los empleados de filiales mexicanas de corporaciones, en su mayoría, estadounidenses, dependían de programas públicos, como Infonavit, para vivir. Había una clara tensión en el aire al entrar a esas colonias, y de lejos se veían camionetas con vidrios polarizados y sin placas rodeando la ciudad.

Conduje sobre los caminos de tierra de aquellas colonias de pequeñas casitas, la mayoría sin terminar, pero ya habitadas. Los servicios como agua y electricidad eran intermitentes. Los empleados trabajan hasta 14 horas diarias, y aun así tenían carencias. Muchas veces, me contaron, no les alcanzaba para comprar comida y útiles escolares para sus hijos. Era una u otra cosa. Su única alternativa eran tiendas como Elektra, Coppel y Famsa, que les permitía comprar a meses. En ese viaje conocí el grado depredador de este modelo de negocios. Las familias no entienden cómo es que, aun pagando sus cuotas, el monto total sigue aumentando. Solo entienden que le deben los salarios de los próximos tres años a esas empresas.

Esto le molestó mucho a Trump, quien ganó la elección, en gran parte, por denunciar el Tratado de Libre Comercio de América del Norte (TLCAN) como lo peor que la ha sucedido a Estados Unidos. Trump prometió que obligaría a México a subir sus salarios, de manera que fueran comparables a los de los trabajadores estadounidenses, aplanando la cancha para que ambos países compitieran en una carrera "hacia arriba" y no para ver quién pone a trabajar a sus ciudadanos por menos recursos.

Uno de los valores de la democracia liberal es la libertad económica. Esto implica, por lo tanto, que el ser humano que trabaje pueda cubrir sus necesidades. Esta no ha sido la realidad en México y me parece increíble pensar que tuvo que llegar un personaje tan autoritario como Trump para romper con el pacto que ha habido entre empresarios y el Gobierno de México durante décadas. Cuando regresé a vivir a México en 2014, hablar con empresarios y analistas sobre los salarios más bajos en América Latina era casi tabú. En *off the record*, sí se abrían a decir que era lo más atractivo de tener una empresa en México y que el banco central, institución cuyo mandato es mantener la inflación baja y estable, se beneficiaba de que los trabajadores no vieran un incremento significativo en sus salarios desde finales de los noventa, a pesar de que el TLCAN se firmó supuestamente para sacar de la pobreza a la población. Entre 2008 y 2018, los salarios reales —descontando la inflación— en el sector manufacturero mexicano cayeron 14.7%, mientras que los de los trabajadores manufactureros estadounidenses aumentaron a una tasa promedio de 18.7% en el mismo periodo.[3]

Al ganar Trump, iniciaron las negociaciones para una nueva versión del acuerdo comercial, el ahora llamado T-MEC, y el incremento en el salario mínimo fue una de las peticiones de la Casa Blanca. Bajo la administración de Peña, la Secretaría de Economía, liderada por Ildefonso Guajardo, tuvo un diálogo constante con empresarios mexicanos que tuvieron que aceptar que el incremento en los salarios era inevitable y que probablemente llegaría bajo López Obrador. Como en toda negociación, hubo cosas en los que cada país tuvo que ceder, y esta fue una en la que los empresarios en México entendieron que, si querían continuar con el acceso al mayor mercado en el mundo, tendrían que pagar un poco más a sus empleados. El acuerdo contiene novedosas reglas de origen que requieren que entre 40% y 45% del contenido de un automóvil, por ejemplo, sea fabricado por trabajadores que ganen al menos 16 dólares por hora.[4] Si ganan menos, la empresa pagará aranceles.

En su reporte de 2022, el Coneval advirtió que la informalidad laboral sigue siendo un problema relevante en México, ya que, si bien tuvo una disminución entre 2019 y 2022, aún afecta a más de la mitad de las personas trabajadoras. "Sin embargo", dice el reporte, "a partir de 2018 se dio una política de recuperación del poder adquisitivo del salario mínimo, considerado como un acierto de política pública porque ha contribuido a la mejora del ingreso de las y los trabajadores".

---

[3] Juan Arvilla, "Five Reasons Donald Trump Wants to See Higher Wages in Mexico" (2017), disponible en: https://www.tecma.com/wages-in-mexico/

[4] ILAB, "Labor Rights and the United States-Mexico-Canada Agreement (USMCA)", disponible en: https://www.dol.gov/agencies/ilab/our-work/trade/labor-rights-usmca

Qué suerte la de AMLO, quien prácticamente llegó solo a firmar el tratado, enviarlo al Congreso para ser ratificado y gozar de sus frutos. Tres de las cuatro senadoras que votaron en contra del T-MEC en 2019, son de Morena. Entre 2018 y 2023, el salario mínimo general pasó de $88.36 pesos por día a $207.44. El incremento en los salarios en la frontera norte es aún mayor. Este será, en mi opinión, lo más cercano a un legado económico que dejará la Cuarta Transformación, y ni siquiera fue su iniciativa.

No sería justo detener ahí el análisis. La gran lección que deja este sexenio, en materia de ingresos, es que no hay un impulso más fuerte contra la pobreza que un salario digno. No hay ayuda social o remesa enviada por familiares en el extranjero que tengan el mismo impacto positivo que un ingreso suficiente y confiable. En México, este incremento no debe terminar pronto. Quedan muchos incrementos por hacer en el salario mínimo para que los mexicanos sean debidamente compensados.

La pandemia fue una clase magistral en las deficiencias de la globalización. El virus brotó en diferentes momentos en diferentes países, por lo que producir partes de un solo producto en diferentes continentes se convirtió en un problema. Las poblaciones en países ricos gozaron de subsidios al desempleo y cheques para estimular la economía que se tradujeron en remesas a países más pobres. Había mucha demanda por bienes y poca oferta. Como si el mundo no estuviera pasando por suficiente turbulencia, Rusia le declaró la guerra a Ucrania, impactando al comercio global. América Latina depende de fertilizantes rusos, por lo que los gobiernos tuvieron que buscar alternativas para seguir produciendo granos, frutas y verduras.

Todo esto generó inflación. En México, el Índice de Precios de Consumo (IPC) alcanzó un pico de 8.4% a finales de 2022. El Banco de México incrementó su tasa de interés en 7% entre 2021 y 2023, para encarecer el crédito y enfriar un poco la economía. Mientras tanto, empresas de productos de consumo como Bimbo, WalMart, Alsea, y Arca Continental, embotelladora de Coca-Cola , celebraron resultados financieros "históricos", porque aprovecharon que la población ya esperaba alzas en los precios para subirlos más allá de lo necesario y alcanzar sus márgenes. Esto se llama "inflación de vendedores"[5].

Ante este tipo de amenaza inflacionaria, no hay mucho que el Gobierno pueda hacer. López Obrador lanzó una iniciativa para contener el precio de los alimentos en las poblaciones más vulnerables, pero hasta el economista Ignacio Martínez, de la UNAM, quien apoya el proyecto de la Cuarta Transformación, encontró que el Paquete Contra la Inflación y la Carestía (PACIC) no sirvió para amortiguar la inflación porque no se enfocó en las fuerzas que tienen que ver con la formación de precios. Entre ellos está la inflación de vendedores y la presencia del crimen organizado en la producción, distribución y venta de productos, principalmente agrícolas, que impacta 2% en el IPC. Encima, López Obrador incrementó el subsidio a la gasolina, una medida que generó más inflación, ya que les dio espacio a los concesionarios a aumentar los precios.

Ni la Cuarta Transformación ni ningún otro Gobierno del mundo tiene una vara mágica para desaparecer la inflación, pero AMLO sí hubiera podido hacer mucho más para prevenir que la

[5] Weber, Isabella M.; Wasner, Evan, "Sellers' Inflation, Profits and Conflict: Why can Large Firms Hike Prices in an Emergency?" (2023). *Economics Department Working Paper Series* 343. https://scholarworks.umass.edu/econ_workingpaper/343

inflación empujara a las poblaciones más vulnerables al hambre o a la pobreza. "AMLO ha sido una enorme decepción. Incluso, hasta una especie de traición", me dijo Ricardo Fuentes-Nieva, en una conversación por videollamada. Maestro en Economía por la Universitat Pompeu Fabra, Fuentes-Nieva fue el director de la organización internacional Oxfam en México desde 2015 hasta mediados de 2020. Fuentes-Nieva votó por López Obrador porque consideraba que el sistema político "necesitaba una sacudida", pero hoy se confiesa desilusionado.

En la campaña electoral, observé con mucha curiosidad un sesgo confirmatorio, o lo que yo llamo "el fenómeno Biblia", que refiere a la manera en que muchos proyectaron en López Obrador cualidades que este nunca mostró e ideales que nunca defendió. Me sorprendía ver que amigos que yo considero muy inteligentes y bien informados, estaban tan entusiasmados con la posibilidad de una administración de AMLO. Un ejemplo claro es la esperanza que tenían muchos de que defendería el derecho al aborto, la legalización del cannabis o los matrimonios entre personas del mismo sexo. AMLO nunca mandó señales de que esa era su ideología, pero, por autoproclamarse de izquierda y a pesar del comportamiento de su partido en el Congreso, muchos le atribuyeron sus propios valores al candidato. Algo similar sucede cuando se lee la Biblia sin su contexto adecuado. Cada uno lee lo que quiere leer.

"La promesa de la elección del 2018 era una promesa de una administración progresiva, específicamente en el sentido redistributivo, en un contexto donde había muchísimo desencanto con la clase política mexicana y hasta con la democracia. Y la verdad es que algunos de los eslóganes o ideas generales de López Obrador, de verdad eran muy atractivos. Esta idea de separar el poder económico del poder político, la idea de 'por el bien de todos los pobres primero', eran eslóganes muy atractivos que, si hubiera habido un equipo técnico sólido y mucha más humildad y capacidad de escucha del presidente, se hubiera podido crear una agenda redistributiva y al mismo tiempo aumentar las eficiencias", dijo Fuentes-Nieva. Quizás el error de Ricardo, quien es, además, un amigo, fue creer que, porque Esquivel se encontraba entre los asesores de López Obrador en campaña, esto se traduciría a "un equipo técnico" en el gabinete. (A Esquivel lo presentaron como futuro subsecretario de Egresos, puesto que nunca tomaría).

Cuando la administración de la 4T anunció que no haría uso de los padrones heredados, se generó una polémica en los círculos de especialistas que argumentaban que, por el bajo nivel de recaudación tributaria de México, el país debía focalizar sus ayudas y no transferir recursos a familias que realmente no lo necesitaban. Esquivel fue defensor de la universalidad de los programas de López Obrador, que se pueden resumir en estos cuatro:

- Una pensión de 2 550 pesos cada dos meses para todos los adultos mayores de 68 años de todo el país, y a los adultos mayores de 65 años que viven en los municipios integrantes de pueblos indígenas.
- Becas de 6 310 pesos al año con seguro médico del IMSS para jóvenes que se registren como aprendices en un centro de trabajo.
- Apoyos de 5 000 pesos a personas que se comprometan a plantar árboles, como apoyo a los agricultores.
- Una transferencia monetaria de 1 600 pesos bimestrales para padres por cada niño de entre uno y cuatro años. Para niños con discapacidad de un año hasta los seis, la transferencia es de 3 600 pesos

Al llegar la pandemia, López Obrador se negó a subsidiar el desempleo diciendo que eso implicaría "rescatar empresas". Aseguró que estos programas ya establecidos, junto con pequeños créditos de hasta 25 000 pesos a "empresas familiares", eran suficiente para prevenir un daño irreparable en la economía. Esto iba en línea con el enfrentamiento abierto que López Obrador ha tenido con los empresarios en México, una narrativa muy exitosa entre los millones de mexicanos que votaron por él.

"El gran problema de este matrimonio del poder político y el poder económico es la creación de rentas", dijo Fuentes-Nieva, como muestra el pacto por no subir el salario mínimo durante décadas. "Hay una extracción de rentas de los sectores económicos a través de su alianza con el poder político, que genera muchísimas ineficiencias y que, además, es altamente regresivo. Si yo te dijera qué es lo que yo esperaba y cuál era mi ilusión, era esta idea de tener una administración que buscara al mismo tiempo una redistribución, una mayor eficiencia en la economía mexicana. Eso es lo que yo pensé que podía pasar.

"Evidentemente, nada de eso ha pasado. Y ahí es donde viene una terrible decepción, una enorme traición. En vez de tener políticas sostenibles, redistributivas, que necesitarían, por ejemplo, una reforma fiscal, políticas sociales bien diseñadas en vez de transferencias universales sin ningún diseño, lo que estamos viendo es justamente un debilitamiento y un desmantelamiento del Estado para trasladar todas las facultades del Estado hacia una persona que es el presidente. Y cuando no es el presidente, es hacia su partido o a sus lacayos, las personas que están a su lado. Eso me parece preocupante. No solo me parece una decepción, es una preocupación enorme", dijo Fuentes-Nieva.

Lo que los programas de López Obrador hicieron fue quitarle recursos de asistencia a la población que más los necesita para ampliar el número de personas que recibían un apoyo, creando una estrategia clientelar de votos. En 2016, 67% de la población en situación de pobreza recibía recursos de, por lo menos, un programa social. Para 2020, ese porcentaje bajó a 43%, según un análisis de Máximo Ernesto Jaramillo, investigador de la Universidad de Guadalajara. Jaramillo es conocido también por promover este tipo de información junto con un grupo de colegas en una adorable cuenta de redes sociales llamada Gatitos contra la Desigualdad. Utilizando datos oficiales, Jaramillo encontró que, bajo el mandato de AMLO, en el 10% más rico del país, prácticamente se triplicó el porcentaje de la población que recibe programas sociales.

"Ocho de cada 10 pesos del aumento de ingresos percibidos por programas sociales entre 2018 y 2020 fueron a parar a los bolsillos de 50% de los hogares con mayores ingresos", escribió Jaramillo en la revista *Letras Libres*. "Por su parte, el decil I, es decir, 10% de los hogares con menos ingresos, en 2020 dejó de percibir 32% de los ingresos por programas sociales que recibía en 2018".[6] Un análisis de Ethos encontró algo similar: que los recursos no están llegando a los municipios más pobres del país, en donde 60% de las habitantes aseguran no recibir ningún tipo de apoyo por parte del Gobierno.

En el Plan Nacional de Desarrollo, el Programa Sectorial de Bienestar y el Programa Nacional de Desarrollo Social, la 4T identifica como su misión transitar hacia un sistema de bienestar universal basado en la efectividad de derechos.[7] Tanto Jaramillo

---

[6] Máximo Ernesto Jaramillo-Molina, "Sin Prospera, menos dinero a los más pobres" (1 de enero de 2023), disponible en: https://letraslibres.com/revista/sin-prospera-menos-dinero-a-los-mas-pobres/

[7] Coneval, *Informe de evaluación de la política de desarrollo social 2022* (2023), disponible en: https://www.coneval.org.mx/Evaluacion/Documents/Informes/IEPDS_2022.pdf

como Fuentes-Nieva coinciden en que la universalidad de los programas sociales son una meta positiva de largo plazo, pero, en un país que recauda tan pocos impuestos, el Gobierno debe cuidar, primero, de quienes más lo necesitan. Si López Obrador no quiere pasar una reforma fiscal que aumente la recaudación de los más ricos y le ofrezca mayores recursos al Gobierno, debe gastar lo poco que tiene de una manera más justa. Incluso multilaterales como el Banco Mundial y el Fondo Monetario Internacional, quienes en el pasado promovieron políticas de libre mercado y austeridad, hoy coinciden en que el gasto en asistencia social es una herramienta necesaria en países como los latinoamericanos, considerados de renta media, pero con grandes desigualdades. El truco está, dicen, en focalizarlos.

En esta administración, el gasto social se ha duplicado comparado con el Gobierno de Peña, al pasar de 6.2% del gasto total del Gobierno federal (368 000 millones de pesos) a 12.2% (621 000 millones de pesos), informó Ethos en un comunicado de prensa, "no obstante, lo que no es bueno es que también aumentó la opacidad, pues muchos de los programas sociales son opacos o ambiguos en sus objetivos; la forma de intervención; la selección de territorios y beneficiarios; los procesos de contratación, entre otros temas".

"El momento donde yo dije 'López Obrador está perdiendo la cabeza', es cuando se toman decisiones basadas en ideas muy básicas", dijo Fuentes-Nieva, "ideas que no pasan por todos los procesos de análisis por los que tiene que pasar una política pública. Cuando empezaron a desmantelar programas que funcionaban, que habían tenido mucho éxito como Prospera, Oportunidades o como las estancias infantiles". En abril de 2019, cuando el presidente anunció que eliminaría las guarderías por ser "intermediarios" para entregar recursos directamente a familias, Fuentes-Nieva ofreció una rueda de prensa en representación de Oxfam, junto con otras dos organizaciones sin fines de lucro —Save The Children y el Grupo de Información en Reproducción Elegida (GIRE)—, en oposición a esta decisión.

"Hay dos elementos que hay que resaltar de esa decisión. Primero, el elemento específico de que esta es una decisión regresiva contra familias y niños en posiciones vulnerables. Segundo, es una toma de decisión sin pensar y carente del análisis más básico de cuáles eran los costos de oportunidad. Al final, eso es lo que demuestra la forma de gobernar de López Obrador. Es una forma de gobernar que no ha tenido resultados, que no va a tener resultados, pero que tiene una narrativa muy fuerte. La narrativa es 'estos son nuestros proyectos importantes: el aeropuerto, la refinería, el Tren Maya'. Y también, que logró una desintermediación. Es decir, 'ya no vamos a tener estos programas y estos organismos e instituciones que simplemente estaban capturados por la clase media alta, educada, y vamos a transferir los recursos directamente a las personas a través de becas y transferencias universales'. La esperanza que al menos yo tenía en el verano de 2018 era lograr mayor eficiencia y redistribución. En vez de eso, tenemos un debilitamiento asombroso del Estado y clientelismo. Este es un signo muy triste para el país", dijo Fuentes-Nieva.

Para que una política pública funcione, tiene que estar basada en los derechos. Si no es así, aseguró Fuentes-Nieva, es clientelismo. "El diseño de políticas públicas tiene que incluir una identificación de quiénes tienen sus derechos más vulnerados. Y aquí, el principio es cómo dispersamos los recursos al mayor número de la población, aunque no lo necesita, aunque no esté basado en derechos, no esté basado en nada", afirmó el economista.

"Es clientelar porque es una desintermediación del Estado para decir 'es el líder político, en este caso López Obrador, quien te está ofreciendo esto porque tú eres su cliente político'", acusó Fuentes-Nieva.

Así como eliminaron las estancias infantiles, eliminaron un programa de Escuelas de Tiempo Completo que proveía de horas extras de educación y alimentación a casi cuatro millones de niños. Carlos Urzúa recuerda el momento, temprano en la administración, en que se tomó esta decisión. "Es algo estremecedor", me dijo durante uno de nuestros encuentros, "es algo que debería conmover el corazón de cualquier persona. Usted está hablando de más de tres millones de niños que van a sufrir".

Además, dijo Urzúa que López Obrador le quitó el presupuesto al organismo encargado de construir escuelas, el Instituto Nacional de la Infraestructura Física Educativa, "porque decía que es pura burocracia. 'Se lo vamos a dar a los padres de familia y todos los padres de familia van a tener ese dinero para poner agua potable, etcétera', y obviamente no es por eso. Es para ganar más votos. López Obrador no piensa en los pobres".

AMLO el neoliberal:
"López Obrador no cree en el Estado"

HÉCTOR TIENE 33 AÑOS Y VIVE EN EL LÍMITE ENTRE LA CIUDAD DE MÉxico y el Estado de México. Usa una camiseta negra con diseños en colores neón. Tiene rapada un lado de la cabeza y, del otro, deja que su fleco caiga encima de unos lentes gruesos de pasta negra. Nunca ha votado, en ninguna elección. Hablar con él es recordar que solo una fracción de los ciudadanos están bien informados sobre lo que hace el Gobierno. También me recuerda que López Obrador pareciera ser de teflón: Héctor no tiene idea de qué ha hecho el presidente por la economía o por su bienestar, pero lo admira.

"Seguro tiene sus pros y sus contras", me dice mientras gira el volante entre las calles de la colonia Roma Norte. "Pero lo que yo pienso del señor es que le batalló mucho para estar donde está y él es un ejemplo, para mí, de que el que persevera alcanza, porque la verdad sí le sufrió", dijo refiriéndose a las elecciones en las que fracasó, el plantón de meses que organizó en protesta y su eventual llegada al poder. AMLO como inspiración a la superación personal es una extraña faceta del político que yo no conocía.

Por años y hasta principios de 2020, Héctor era taxista en Ciudad Nezahualcóyotl, rumbo que conoce "de arriba para abajo".

Los primeros meses de la pandemia no había suficiente movilidad y se quedó sin un ingreso. Su exsuegra lo contrató como chofer en su negocio de instalación de clósets, trasladando tanto a los empleados como materiales.

"Yo me bajaba con ellos y empecé a ver cómo lo hacían y aprendí a instalarlos yo. Entonces empecé a ahorrar para mi herramienta y me lancé yo solo a hacerle la competencia a mi exsuegra", me confiesa con una risa burlona. "Me fue muy bien, porque la gente estaba en su casa y pensaba 'ya no quiero tener este montón de ropa ahí'. Me iba tan bien que no quería que se terminara la pandemia".

Para marzo de 2022, el negocio de los clósets ya no era lo que fue en esos dos años de confinamientos intermitentes, y Héctor no supo cómo adaptarse a las nuevas necesidades del mercado. Tampoco supo qué hacer con todo lo que aprendió instalando clósets. En abril, Héctor estaba de nuevo tras el volante de su coche personal, que durante el día convierte en instrumento de trabajo usando la aplicación Didi. De noche, renta de nuevo el taxi. No maneja por menos de 12 horas al día si quiere que le alcance para vivir.

—¿Entonces te da lo mismo quién esté en el Gobierno? —le pregunté en tono amable.

—Pues sí, al final de cuentas es trabajar, y vas por lo tuyo —me respondió.

¿Es la precariedad la que enseña a millones de mexicanos a no esperar nada de su Gobierno? En mi opinión, entre más rico es un mexicano, más espera que su Gobierno haga por él. El vacío que deja la deficiente educación cívica lo llena la jerarquía del privilegio y todos los políticos, incluyendo López Obrador, han sabido explotar esta injusticia a su favor.

El neoliberalismo entró en apogeo a finales de los ochenta, cuando el sistema comunista de la Unión Soviética fracasó y cayó el muro de Berlín. En esos años, AMLO era líder del Partido de la Revolución Democrática (PRD) y se opuso al neoliberalismo que introdujo el Partido Revolucionario Institucional (PRI), primero, con Miguel de la Madrid y, después, con Carlos Salinas de Gortari. Criticar al neoliberalismo no es nada original y mucho menos es exclusivo de AMLO. Cuando la corriente se apoderó de gobernantes en occidente y en Europa del Este, los partidos políticos de oposición en esos países intentaron capitalizar sus consecuencias negativas para obtener votos; entre ellas, el incremento en la desigualdad, el extractivismo insostenible de los recursos naturales y la ausencia de garantías sociales. Es una estrategia predecible. Lo que nadie podía predecir es que López Obrador mostraría, más de 30 años después, su lado fuertemente neoliberal.

La teoría es relativamente simple: que la economía funcione con una intervención mínima del Estado. Que los mercados sean libres para que los negocios que no sean redituables quiebren por sí solos y abran paso a mejores negocios. Que el comercio sea libre para que las empresas compitan entre sí, lo que deriva en una oferta al consumidor de alta calidad y bajos precios. Que no haya empresas del Estado, porque el respaldo implícito de los contribuyentes y el potencial abuso del Gobierno genera distorsiones en el mercado. Por último, es muy importante que el Gobierno opere en austeridad para que no tenga un peso fuerte en la economía. A Excepción (con mayúscula) de la perspectiva del neoliberalismo en las empresas del Estado, todas estas son posturas que López Obrador tomó durante su sexenio. Nunca sabremos si es un neoliberal de clóset, si es selectivo a plena conciencia o si lo es por accidente, pero los hechos hablan por sí mismos.

México pasará a la historia como uno de los países más grandes en el mundo cuya política económica para responder a la pandemia fue no hacer nada. La administración de AMLO dejó que el mercado fuera libre e hiciera lo suyo. Que quebraran miles de empresas y se perdiera el valor que se había generado. En este sentido, López Obrador dejó la economía a la suerte. Si Carlos Urzúa tiene razón cuando dice que el presidente no tiene la más remota idea de qué es la economía y cómo funciona, yo sostengo que, en el sentido económico, el de López Obrador fue un no-Gobierno. No hubo política económica más allá de construir unas pocas obras e interferir en la operación de grandes empresas del sector energético para concentrar más poder en el Ejecutivo.

Como Héctor, muchos de mis lectores de *El País* apoyan al presidente y no se cansan de atacarme cuando publico alguna nota con información que muestra que está haciendo un mal trabajo. Su argumento, en muchos casos, es que la economía está como está por la pandemia. El PIB se estancó y cerraron más de un millón de negocios. Las malas noticias no paran, pero esto que pasa en todo el mundo, aseguran, es por culpa de la pandemia, no del presidente. Esto no es cierto. Estados Unidos es un ejemplo de cómo la economía se recuperó con mucha fuerza, y no es el único, ahí están Colombia, Chile y hasta Perú, que apoyaron con más recursos a sus poblaciones y recuperaron su producción mucho antes que México. Y lo debimos haber anticipado, porque en México, el PIB empezó a bajar desde antes de que azotara la pandemia y a partir de la llegada de López Obrador al poder.

Una de las grandes oportunidades perdidas de la pandemia fue incorporar a la informalidad, que es más de la mitad de la economía nacional, al sistema tributario. Si López Obrador no quería "rescatar" grandes empresas, pudo haber ofrecido un apoyo focalizado y suficiente para preservar micro, pequeños y medianos

Comportamiento del PIB

México fue el último país entre sus pares en recuperar su PIB pre pandemia

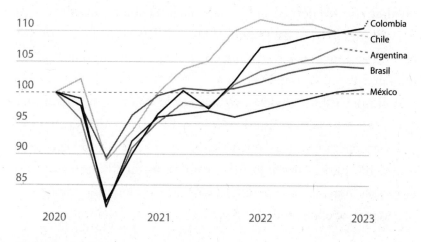

Fuente: Banco Mizuho de Brasil

negocios, las cuales son responsables de la mitad del PIB, a cambio de que se registraran en el SAT, por ejemplo. Como vimos en el capítulo 8, en México, los incentivos están alineados de manera que las empresas no quieren crecer, no solo porque las puede convertir en blanco de criminales y autoridades corruptas, sino también para no pagar impuestos. Según datos de México, ¿cómo vamos?, cerca de 70% de las empresas en el país son informales o ilegales. La pandemia trajo una oportunidad para que estas empresas recibieran un subsidio al desempleo a cambio de que fueran visibles a las autoridades tributarias y empezaran a pagar impuestos una vez pasado el choque. Eso, por lo menos, es lo que hubiera hecho un Gobierno de izquierda que buscara recaudar más para gastar más.

"El problema de este país es muy sencillo, en realidad", dijo Urzúa, "usted tiene una recaudación tributaria y tiene una recaudación que proviene esencialmente de derechos de petróleo…

Esto no es nada más así en México, Chile es igual con el cobre. Este nos dio para sobrevivir, pero ya no como antes; entonces, olvídese de esos derechos. La recaudación tributaria es del orden de 14% del PIB. Si usted tiene 14% del PIB de recaudación tributaria, entonces usted se tiene que poner a pensar en qué puede financiar y qué no puede financiar.

"López Obrador debió haber tenido una postura fiscal más agresiva, como la tuvo Estados Unidos, Europa y casi todo el mundo, a excepción, quizás, en África", dijo Urzúa, "yo lo que creo que debió haber sucedido fue, primero, tratar de proteger a las empresas lo más que se podía... ¿Cómo? Condonando impuestos, por lo menos el pago al IMSS a cargo de los trabajadores".

Número de negocios en México
De acuerdo con el INEGI

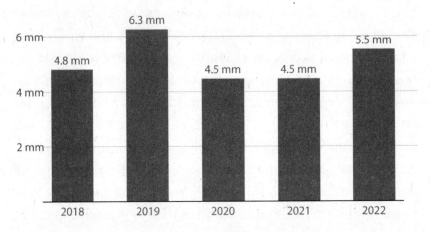

Fuente: Censo Económico 2019, Directorio Estadístico Nacional de Unidades Económicas (DENUE)

Los programas sociales y Créditos a la Palabra para empresas familiares de 25 000 pesos fueron insuficientes para prevenir un golpe a la calidad de vida de los mexicanos durante la pandemia. "Tendría que haber más recursos, y no hay más recursos porque no hay reforma fiscal y el sector formal no quiere pagar un peso más", dijo Sofía Ramírez, de México, ¿cómo vamos?, "30% de las empresas que sí pagan impuestos no quieren que se les cobre un peso más, porque las ahogas, y es un pésimo incentivo para la informalidad. Es decir, cuando brincas de informal a formal, tus costos se te van al cielo, porque además hay costos administrativos, fiscales, financieros, y los riesgos asociados son muchos. Piensan: 'mejor me quedo en una escala más chiquita en la informalidad y diversifico: en vez de crecer a tener una gran tortería, pongo muchos changarros'. Es una lógica que me parece que, además, no abona a que haya más dinero para que haya mejor asignación de recursos públicos".

Esta no fue una prioridad para López Obrador, cuya política económica se reduce a sus proyectos emblemáticos y programas de asistencia social clientelares. Estas son decisiones que residen en él, no en su equipo, dijo Ricardo Fuentes-Nieva. "Para López Obrador, la pandemia fue como una distracción, en parte por el choque y en parte por cómo los conservadores, como él llama a sus detractores o enemigos, la pudieran utilizar para desviarlo de esa agenda que es muy clara: tres megaproyectos y las transferencias directas. Entonces, su reacción es decir 'nada me va a desviar'".

La no-política de este no-Gobierno ha sido costosa para México, no solo en términos económicos, sino en vidas humanas. Desde un principio, la covid-19 se perfiló como una pandemia distinta a la del 2010, cuando la fiebre porcina se contuvo rápidamente en la Ciudad de México. Era muy claro que se requería la presencia del Estado. Se necesitaba del Estado para monitorear cómo se estaba expandiendo y cómo estaba afectando los distintos indicadores de bienestar de la población, sobre todo a los más vulnerables en términos de ingreso y empleo, de violencia doméstica, de seguridad alimentaria.

"Todo eso necesitaba la presencia del Estado para tener una respuesta contundente y sobre todo muy focalizada en esos espacios", dijo Fuentes-Nieva. "Adicionalmente, yo creo que era una oportunidad, porque en la historia de la sociedad, tener Estados fuertes siempre ha sido difícil. Porque para tener un Estado fuerte y funcional, necesitas más impuestos, y necesitas legitimidad para cobrar más impuestos. Yo creo que era una oportunidad de oro para fortalecer el Estado mexicano, para decir 'aquí lo que necesitamos es un registro único poblacional, más allá del CURP que no todo el mundo tiene, y a través de este, vamos a hacer un programa de *contact tracing* y vamos a hacer un programa de transferencias de acuerdo con tus necesidades'.

"Esa oportunidad se desperdició, en mi opinión, porque López Obrador no cree en el Estado como tal. Él cree en líderes personales, líderes carismáticos. Para él, las estructuras del Estado son estorbos. Ya entendiendo eso, está claro que el Estado mexicano no iba a hacer nada suficiente, porque el mismo presidente no cree en el Estado. Y eso lo ha dicho muchas veces, cuando dice que la familia es el mejor esquema de protección social de México, por ejemplo, que todas estas instituciones y programas simplemente estaban llenos de corrupción y que beneficiaban a quienes los manejaban y no a las posiciones objetivo. Todo esto refleja una profunda desconfianza del aparato del Estado. La forma de Gobierno de López Obrador es esa, entonces no es ninguna sorpresa que el Estado mexicano no haya actuado".

La única actuación evidente del Estado mexicano fue la compra de las vacunas en el mercado global. Es una lástima que se haya decidido, sin embargo, vacunar a las infancias hasta finales de 2022.

Vale la pena retomar el caso de Estados Unidos ante la pandemia. El Gobierno Federal aprobó transferencias monetarias en cantidades que anteriormente eran impensables. Aproximadamente cinco billones de dólares se destinaron a hogares, tiendas familiares, restaurantes, aerolíneas, hospitales, gobiernos locales, escuelas y otras instituciones.[1] Estos son los recursos dirigidos a la economía real —mientras que más del triple se inyectó por todos los países desarrollados a los mercados para evitar una crisis financiera—. También hubo exenciones fiscales.

Como resultado, la pobreza en Estados Unidos bajó de manera importante, a pesar de que hubo incrementos en el desempleo. En 2020, el país tocó su nivel de pobreza más bajo desde que se registró el *Supplemental Poverty Measure*, la medida más precisa de pobreza en el país que contempla alimentación, vivienda, vestimenta y servicios básicos —como electricidad y agua—. Las ayudas continuaron en 2021, cuando el nivel de pobreza tocó un nuevo mínimo histórico. Eso es un resultado muy claro de una decisión de política pública, de utilizar el aparato del Estado en un momento de emergencia nacional.

Una consecuencia virtuosa y no prevista del programa de Biden, fue que inclinó la balanza de poder en favor de los trabajadores que ganan menos, ya que, para muchos, los apoyos eran mayores a lo que ganaban repartiendo pizza o como meseros. Otros se capacitaron para refinar o ampliar sus capacidades durante el confinamiento, por lo que ahora compiten por empleos mejor pagados. Una vez reabierta la economía, los empleadores tuvieron que ofrecer más. Mientras tanto, 10% de los trabajadores mejor pagados vieron sus ingresos caer y ajustarse a una nueva

---

[1] Alicia Parlapiano, Deborah B. Solomon, Madeleine Ngo y Stacy Cowley, "Where $5 Trillion in Pandemic Stimulus Money Went" (11 de marzo de 2022), disponible en: https://www.nytimes.com/interactive/2022/03/11/us/how-covid-stimulus-money-was-spent.html

realidad económica.[2] Esto fortaleció el mercado laboral de manera muy eficiente en un país con muchas disparidades.

"No veo que el apoyo en Estados Unidos estaba perfectamente diseñado, mucho fue regresivo, pero hubo tanto apoyo que permitió mucha innovación", apuntó Fuentes-Nieva, "permitió a la industria y a muchas empresas innovar y buscar nuevos modelos de negocio. En México, es claro que ha habido muy poco apoyo para la innovación, no hubo exenciones fiscales, no hubo apoyo a la retención de empleados y eso afecta tanto a las personas en su medio de vida como en la capacidad productiva del país".

Porcentaje en pobreza en EE UU
De acuerdo con el *Supplemental Poverty Measure*

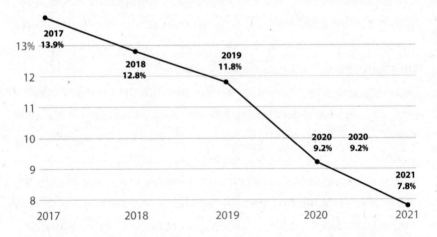

Fuente: US Census Bureau

El país vecino también aprendió de los errores del pasado. En reacción a la crisis financiera global de 2008, el presidente Barack

---

[2] *Financial Times*, "Low earners in the US enjoy fastest wage growth", disponible en: https://www.ft.com/content/f32d4927-a182-4d7c-bf2d-dd915ef846b0

Obama no solo rescató a los bancos —como garantía que generó certeza—, sino que también le pidió al Congreso aprobar un enorme paquete llamado Ley de Recuperación y Reinversión de América (ARRA, por sus siglas en inglés) para estimular la economía. ARRA consistió en una serie de recortes de impuestos específicos, como créditos fiscales para los nuevos propietarios, y de medidas de gasto, como un seguro de desempleo más alto y beneficios del seguro social, además de una inyección sustancial de inversiones en infraestructura para una amplia gama de proyectos. Gracias a estas intervenciones, la economía dejó de contraerse en junio de 2009, poniendo fin a la recesión más larga desde la Segunda Guerra Mundial. Estados Unidos evitó otra Gran Depresión, el crecimiento económico regresó y las pérdidas masivas de empleos disminuyeron, convirtiéndose en ganancias reales de empleo para 2010.

La primera potencia mundial tiene la ventaja de que se puede endeudar mucho a bajas tasas de interés, y el Gobierno aprovechó estas condiciones para rescatar no solo a los bancos, sino a gran parte de su población, y esto no es algo que México puede hacer, nos dijo Arturo Herrera —secretario de Hacienda entre julio de 2019 y julio de 2021— a mi colega Javier Lafuente y a mí en entrevista. Nos reunimos en Palacio Nacional el 28 de abril de 2020, cuando el confinamiento más estricto que tuvo la Ciudad de México llevaba menos de un mes. Todavía no sabíamos mucho de cómo funcionaba el virus, y la noche antes del encuentro no dormí de tanto ensayar escenarios catastróficos de contagios o complicaciones.

"Nosotros no tenemos hoy los márgenes de maniobra para tener un programa de estímulo fiscal del calado de los que se hicieron en España, Canadá, Alemania o Estados Unidos. Alemania o Estados Unidos tienen tasas negativas. Canadá tiene una tasa de 025. Nuestra tasa de referencia es de 6%, 24 veces más alta que la de ellos. Tenemos que ser muy cuidadosos en lo que podemos hacer con los recursos presupuestarios y esa es la razón por la que barremos los recursos de los fideicomisos, estamos buscando en cada espacio que tenemos", dijo Herrera.[3] En mi opinión, ni bajo Urzúa ni bajo Herrera y ni después, bajo Rogelio Ramírez de la O, la 4T ha sido "cuidadosa" sobre dónde asignar el presupuesto.

Me llamó mucho la atención que, en ese encuentro, Herrera habló mal del ARRA de Obama. En 2010, él había llegado a vivir a Washington para trabajar con el Banco Mundial, y muchas de las obras de infraestructura que se construían como parte del programa, continuaron durante sus ocho años ahí. Su queja parecía ser que el paquete de estímulos no funcionó como medicina instantánea. Sin embargo, si a mí me preguntaran si prefiero un paquete de medidas para estimular la economía a mediano y largo plazo o nada, escojo el paquete de medidas.

Es muy frustrante pensar que México fue uno de los primeros países en sentir el impacto de los confinamientos por la covid-19 a finales de 2019, ya que, según el Laboratorio de Análisis en Comercio, Economía y Negocios de la UNAM, Wuhan, ciudad epicentro de la pandemia, suministra a 630 000 empresas en México que dependen de esos insumos para producir. Ni la Secretaría de Hacienda ni la de Economía se pronunciaron o actuaron ante esta repentina parálisis de las empresas manufactureras afectadas en 2019. Tuvieron una ventaja inicial y no hicieron nada para aprovecharla.

---

[3] Javier Lafuente e Isabella Cota, "México no puede tener un programa de estímulo fiscal del tamaño de Alemania o Canadá" (28 de abril de 2020), disponible en: https://elpais.com/economia/2020-04-28/mexico-no-puede-tener-un-programa-de-estimulo-fiscal-del-tamano-de-alemania-o-canada.html

Una de las grandes lecciones derivadas de la Gran Depresión fue la prevención en la pérdida del conocimiento, apunta Fuentes-Nieva. Cuando uno permite tales bancarrotas como las que vimos en México y el desempleo masivo, una vez que se recupera la economía, es muy difícil que se pueda recontratar a las mismas personas que ya tenían cierto conocimiento sobre cómo funcionaba la empresa, la industria o el sector. "Hay un proceso de pérdida de conocimiento muy fuerte", dijo Fuentes-Nieva, "en México, a dos años de la pandemia, no sé cuál es el efecto, pero lo que sí es muy evidente, es que ha habido muy poco apoyo, o nulo apoyo, a las pequeñas y medianas empresas".

Si el Gobierno quiere limitarse a gastar solo en infraestructura y programas sociales, tendría que haberlo hecho desde una lógica de multiplicadores del bienestar. Un multiplicador es aquel que incrementa la cantidad o el número de una cosa. Por ejemplo, según la Oficina de Presupuesto del Congreso de Estados Unidos (CBO, por sus siglas en inglés), subsidiar el desempleo por la covid-19 y transferir fondos a las autoridades locales fueron estímulos que dejaron una mayor derrama que bajar impuestos a las corporaciones.[4]

"Bienestar no solamente es cuánto dinero tienen disponibles las familias", dijo Ramírez, "sino qué calidad de vida tienen y la calidad de vida de las personas viene con un montón de servicios públicos que te garantiza el Estado, ya sea de manera directa o a través de subsidios a esos servicios como educación, y salud, y eso está absolutamente relegado".

"El otro gasto que veo que están haciendo mal, es el de fortalecer el Gobierno, porque si tú no tienes un Gobierno sólido,

---

[4] "Comparing Fiscal Multipliers" (6 de octubre de 2020), disponible en: https://www.crfb.org/papers/comparing-fiscal-multipliers

fuerte, que esté revisando, que realmente haya contratación de cierto porcentaje de personas con discapacidad, por ejemplo, que realmente se apliquen salarios mínimos, que realmente no haya informalidad laboral y sí haya estructuras formales y unidades económicas formales, de poco te sirve tener un montón de leyes y un montón de reformas que, aunque van en el sentido correcto, no se van a cumplir". El Poder Judicial y, en específico, la Suprema Corte de Justicia de la Nación, fueron blanco de ataques constantes por parte de López Obrador para desacreditarlo. El Gobierno también recortó su presupuesto cada año de este sexenio. "Hay un error de origen al pensar que un Gobierno más chiquito es menos corrupto y es más eficiente. Al contrario, un Gobierno chiquito es un Gobierno chiquito, incapaz e insuficiente", dijo Ramírez. Y yo agregaría que es un acto muy de neoliberales.

La agencia Reuters aseguró que López Obrador padecía de "fobia a la deuda" cuando, al iniciar la pandemia, empezaron a caerle duras críticas por su resistencia a gastar más y subsidiar el desempleo. "Estoy haciendo todo lo que sea posible para no contratar deudas, porque imagínense si endeudamos al país", dijo el 9 de abril de 2020, "no".[5] Tres años después, tensiones entre Grupo México y la Cuarta Transformación pusieron fin a la posibilidad de que Germán Larrea le comprara Banamex a Citigroup. López Obrador no escondió su felicidad y aseguró que su Gobierno necesitaba un banco.

"Sí se puede [comprar el banco], voy a hablar con el secretario de Hacienda para que se vea, porque podríamos hacerlo. ¿Cuánto son tres mil millones de dólares? Sesenta mil millones

---

[5] Dave Graham, "Análisis-Fobia a la deuda: La apuesta del presidente de México frente el coronavirus" (9 de abril de 2020), disponible en: https://www.reuters.com/article/salud-coronavirus-mexico-deuda-idLTAKCN21R21S

[de pesos]… ¿Saben cuánto tenemos de margen nada más en deuda que podríamos contratar para quedar como el endeudamiento que hizo Calderón o Peña Nieto?", dijo el presidente el 24 de mayo de 2023.[6]

Más claro, imposible: si el dinero es para ayudar a las familias que más lo necesitan, no hay; si es para limitar el crecimiento de empresas privadas y darle más poder al Ejecutivo, sí hay.

"La deuda no es algo malo en sí mismo, y si tienes métricas, para qué y cómo y en qué lo estás gastando", dijo Ramírez, "puede ser una herramienta increíble, que fue lo que hicieron en 2008, 2009, sobre todo en la primera parte del sexenio de Peña. Hubo grandes endeudamientos públicos. Estaban invirtiendo, estaba aumentando la inversión pública a niveles que no habíamos visto. Ahorita estamos a menos de 50% de ese gasto.

" Después de una pandemia que regresó las brechas educativas de los años sesenta, que está descuidando a una generación completa de niños y de niñas que no van a regresar a la escuela. Me parece que es casi criminal pensar en que no están invirtiendo en escuelas, pero también en capacitación de los maestros, pero también en generar estímulos para que esos niños y niñas se recapturen en el sistema educativo".

Cuando pienso en cómo López Obrador desmanteló, debilitó y desacreditó al Estado, pienso en la siguiente gran amenaza global, que quizás vendrá en la forma de otra pandemia, o quizás vendrá como una serie de desastres naturales impredecibles. El cambio climático nos agarró con fondos de emergencias vacíos y sin fideicomisos para su prevención. México es muy vulnerable

---

[6] Presidencia de la República, "Versión estenográfica de la conferencia de prensa matutina" (24 de mayo de 2023). Disponible en: https://www.gob.mx/presidencia/articulos/version-estenografica-conferencia-de-prensa-del-presidente-andres-manuel-lopez-obrador-del-24-de-mayo-de-2023?idiom=es

y las políticas públicas de la administración federal presentan re-
trocesos. Esta es la última pieza del rompecabezas que conforma
a este, el no-Gobierno de Andrés Manuel López Obrador.

Entre el 3 de marzo de 2020 y el 26 de julio de 2023, murieron 334
336 mexicanos por la covid-19.[7] El INEGI estima que el exceso
de mortalidad en México en los primeros dos años de pandemia
fue de 793 625 muertes, lo que se pudiera acercar a la cifra real
de fallecimientos.[8] Esto va en la misma línea que los estimados de
las Naciones Unidas, la cual evaluó que el número de muertes
por la pandemia en México es más del doble de los registros oficiales.[9] Este año, la Organización para la Cooperación y el Desarrollo Económicos dijo que el país es el tercero con mayor exceso
de muertes por la covid-19 en América Latina, solo por debajo de
Bolivia y Perú.[10] Además, hubo cientos de miles más que sobrevi-
vieron al virus, pero padecen de secuelas cuya duración y escala
siguen siendo materia desconocida para la medicina.

---

[7] Covid-19 México, disponible en: https://datos.covid-19.conacyt.mx

[8] INEGI, "Estadística de defunciones registradas (edr) enero a septiembre de
2022 (preliminar)" (27 de febrero de 2023), disponible en: https://www.inegi.org.
mx/contenidos/saladeprensa/boletines/2023/EDR/EDR2022_3t.pdf

[9] María Julia Castañeda, "La OMS calcula en más del doble de los registros oficiales el número de muertes por la pandemia en México" (5 de mayo de
2022), disponible en: https://elpais.com/mexico/2022-05-05/la-oms-calcula-en-
mas-del-doble-de-los-registros-oficiales-el-numero-de-muertes-por-la-pandemia-
en-mexico.html

[10] Dora Villanueva, "México, el tercer país con exceso de muertes en AL por
covid: OCDE" (18 de abril de 2023), disponible en: https://www.jornada.com.
mx/notas/2023/04/18/economia/mexico-el-tercer-pais-con-exceso-de-muertes-
en-al-por-covid-ocde/

Cerca de un millón de mexicanos perdimos abuelos, padres, hijos, hermanos, primos, sobrinos, tíos, amigos, colegas, compadres y parejas por el cruel virus. En lo personal, yo no quiero olvidar jamás lo apocalíptico que fue el entorno en el que vivimos tan irreparable pérdida. El costo de dejar la economía al azar es grande, pero nada se compara con el doloroso vacío que dejaron en nuestras vidas los que murieron por covid.

La suerte del presidente:
"Más optimismo sobre el futuro de México que nunca"

DURANTE LAS CUATRO HORAS DEL DÍA DEL INVERSIONISTA DE TESLA, EL 1 de marzo de 2023, directivos de la empresa ofrecieron presentaciones sobre sus resultados y visión a futuro. He cubierto muchos eventos de grandes corporaciones, ninguno tan aburrido como ese. El director general de la empresa, Elon Musk, habló poco. Prácticamente solo tomó el micrófono durante una corta sesión de preguntas y respuestas. Pero antes, hizo un breve anuncio.

"Estamos emocionados de anunciar que construiremos una gigafábrica en México", dijo Musk, provocando los aplausos más estruendosos de todo el evento, transmitido en vivo por video. "Obviamente, tendremos una gran inauguración, una gran colocación de la primera piedra, pero estamos emocionados de anunciar que la próxima nueva gigafábrica será en México, cerca de Monterrey. Súper emocionados… ¿Creo que el gobernador está aquí? Bienvenido. Y creo que también vino el secretario de Estado. En todo caso, estamos emocionados de hacer una gran inauguración", dijo el empresario.

Aquel aplauso no solo delató el gran tamaño de la comitiva que acompañaba al gobernador de Nuevo León, Samuel García, al evento en Austin, Texas, también se sintió como una liberación de varias ataduras. La primera, una atadura impuesta por la Cuarta Transformación, que hizo todo lo que pudo porque la inversión de casi 5 000 millones de dólares no se fuera a Nuevo León, sino a algún estado del sur gobernado por su partido, Morena. Unos días antes, López Obrador aseguró que la planta no se haría en Nuevo León porque el estado no tenía agua. Musk no iba a ceder a las presiones de AMLO, y quienes le creyeron al presidente, claramente no entienden el poder que tiene Musk, uno de los hombres más ricos del mundo. (Esto, por cierto, no lo celebro. No me parece saludable para las democracias que existan multimillonarios que concentren tanto poder a pesar de que no fueron elegidos a cargos de representación.) La ruidosa celebración de García no solo fue por su victoria, sino por la derrota de AMLO.

Una segunda atadura es narrativa. La inversión no llega sola a los países, se tiene que pelear. Los países son como las *startups*, tienen que salir al mundo y vender una historia a los inversionistas. Tiene que ser una historia que emocione, que sea original, que haga que el país destaque entre sus pares. Eso fue lo que ofrecieron las reformas estructurales de Enrique Peña Nieto, una nueva narrativa: México como país joven listo para competir. Los resultados se vieron en la Inversión Extranjera Directa (IED) que entró al país en 2013, el primer año de su Gobierno, la cual alcanzó el monto más alto en los últimos 20 años.

Esto cambió bajo el Gobierno de AMLO, cuya narrativa sobre México se centra en él: México como víctima de todos menos de AMLO. Al presidente no le interesa atraer capital extranjero, por lo que casi no viaja fuera del país. Uno de sus eslóganes es que "ya no es tierra de conquista", dando a entender que los inversionistas extranjeros son intervencionistas que atentan contra la soberanía. A su secretario de Hacienda no le gusta dar entrevistas a la prensa ni mucho menos viajar a Nueva York para reunirse con Wall Street. López Obrador cerró ProMéxico, la agencia que

Inversión Extranjera Directa (IED)
en millones de dólares

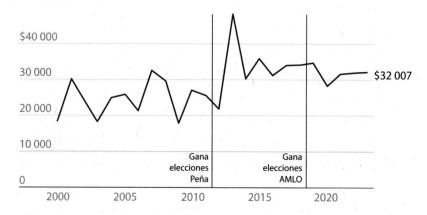

Fuente: Secretaría de Economía

Nota: Cifra para 2023 es un estimado del banco de México a corte de junio

se encargaba de promover al país como destino económico en el extranjero y una buena inversión de las dos administraciones anteriores. La persona que originalmente sería puente entre el sector privado y la 4T, Alfonso Romo, salió del Gobierno temprano en el sexenio y se llevó con él cualquier posibilidad de colaboración. En los primeros años de la Cuarta Transformación, no existió una narrativa sobre México en el extranjero. La segunda economía de América Latina comenzaba a desvanecerse del mapa del capital internacional.

Poco a poco, sin embargo, las estrellas se le comenzaron a alinear al presidente. Para sorpresa de muchos, el Gobierno de Joe Biden, en Estados Unidos, fue mucho más agresivo contra China que el de Donald Trump, al grado que decretó nuevas restricciones para empresas estadounidenses que tienen plantas manufactureras en el país asiático. Además, logró aprobar un plan de billones de dólares ofreciendo incentivos a las empresas para trasladarse de China a Estados Unidos, o bien, a algún país aliado. A esta tendencia se le llamó *nearshoring*. Con el nuevo tratado de libre comercio, México surgió como el país de renta media mejor posicionado para recibir estas plantas manufactureras.

Empezaron a sonar los teléfonos en embajadas y consulados en el extranjero. Sin capacitación, empleados de la Secretaría de Relaciones Exteriores intentaron responder a las peticiones de información y preguntas de empresas interesadas en trasladar sus fábricas a México, un trabajo que anteriormente se canalizaba a ProMéxico. Nuevo León supo aprovechar ese vacío. La entidad contaba ya, desde hace muchos años, con una oficina de representación en Texas con personal especializado y bien conectado, por lo que se volvió el punto receptor de muchas de estas inquietudes. Ha sido tal el éxito de Nuevo León como beneficiario de *nearshoring*, que García anunció en octubre de 2021 que abriría una oficina similar en California.

La inversión de Tesla fue la culminación de una nueva narrativa que, a pesar de los esfuerzos de la Cuarta Transformación, está tomando forma: México como destino ideal del *nearshoring*, si se encuentra un buen aliado local.

Qué suerte la del presidente. Como político al inicio de su carrera, se opuso al TLCAN. Como candidato, pidió que se suspendieran las negociaciones para el nuevo acuerdo, que se llamó T-MEC, para reanudarse hasta después de las elecciones. Como presidente, pasó legislación proteccionista en el sector energético y el de agricultura, por lo que Estados Unidos y Canadá iniciaron procesos formales para definir si México está o no en violación del T-MEC. Cuando recibió a Joe Biden en Palacio Nacional, acusó a Estados Unidos de olvidar y desdeñar a América Latina. A pesar de todo esto, AMLO le debe al T-MEC y a la integración comercial con Estados Unidos gran parte de los logros en materia económica que se han visto durante su sexenio. Estoy convencida de que, si la administración de López Obrador no hubiera coincidido con esta drástica alteración geopolítica entre China y Estados Unidos, así como la entrada en vigor del nuevo acuerdo, la economía mexicana hubiera sufrido mucho más. El efecto del T-MEC sirvió para compensar los esfuerzos de la Cuarta Transformación por arrastrar al país al pasado, por regresar al modelo de economía mixta de antes y por concentrar el poder económico en el Estado.

Hubo importantes logros en materia económica en esta administración que pudieran permanecer en el tiempo, pero realmente pocos son del presidente. A partir de una controvertida iniciativa de ley que prohíbe la subcontratación (también llamado *outsourcing*) en algunas de sus modalidades, el número de puestos de trabajo formales, medidos por su registro ante el IMSS, rompió récords durante el sexenio de la 4T. Cuando la iniciativa fue anunciada en noviembre de 2020, hablé con especialistas en recursos humanos dentro del país y en el extranjero. Se decían asombrados, en shock, por la propuesta original de hacer de la práctica un crimen penado con cárcel, algo que ningún otro país del mundo ha hecho. El momento era, además, arriesgado. La pandemia ya había contraído la economía en más de 8% y el desempleo estaba muy alto.

La ley que se aprobó en 2021 fue una versión menos extrema, eliminando la criminalización, y los resultados han sido buenos. En el primer año desde que entró en vigor, las empresas en México duplicaron el pago de utilidades a sus trabajadores.[1] Los empleos registrados en el IMSS crecieron. En marzo de 2023, se

---

[1] Karina Suárez, "La prohibición de la subcontratación catapulta un 109% el pago de utilidades en México" (5 de julio de 2022), disponible en: https://elpais.com/mexico/economia/2022-07-05/la-prohibicion-de-la-subcontratacion-catapulta-un-109-el-pago-de-utilidades-en-mexico.html

registraron 135 711 nuevos empleos, el mejor registro desde que se mide este indicador. En 2020, Mexicanos Contra la Corrupción y la impunidad revisó contratos que el Gobierno Federal tenía con empresas subcontratadas por un total de 5 000 millones de pesos. No está claro si, como dijo AMLO, el Gobierno dejó de subcontratar e incorporó a su nómina a estos trabajadores o si el Gobierno está violando la propia ley que propuso.

Otro logro de la 4T, este menos duradero que el anterior, ha sido que, por primera vez en mucho tiempo, los mexicanos le tememos al SAT. A la que fue la jefa del SAT entre 2020 y 2022, Raquel Buenrostro, la llamaron "Dama de hierro" y hasta "terrorista fiscal". Maestra en economía por el Colegio de México, la funcionaria dejó de lidiar con los abogados que representaban a las empresas para lidiar directamente con ellos. Muchos dicen que el SAT y la Unidad de Inteligencia Financiera (UIF), que pertenecen a la Secretaría de Hacienda, se han usado para presionar y acosar a personas no afines a la Cuarta Transformación. Quizás esto sea cierto. Esto no cancelaría el hecho de que muchas grandes empresas, que durante años no pagaban sus impuestos, lo hicieron con Buenrostro. La cuenta pendiente por 2 800 millones de pesos de Grupo Salinas, por ejemplo, era de años atrás y se pagó en esta administración. Este es un logro importante, el problema es que no es institucional, por lo que no hay garantía de que permanezca en el tiempo aún después de que la 4T salga del poder (o deje de existir).

En lo personal, yo veo a Buenrostro como una buena funcionaria. No solo fue de las pocas funcionarias en sentarse uno a uno con la prensa, sino que, cuando la entrevisté en octubre de 2020, respondió todas mis preguntas con información pertinente y sin repetir los mantras de la 4T, como hacían muchos de sus colegas en el gabinete. Como secretaria de Economía, no pudo hacer gran cosa y, al igual que el secretario de Hacienda, falló al no ser un contrapeso a la testarudez del presidente. Al mismo tiempo, yo sé cómo se siente ser la única mujer en una sala de conferencias y sé lo que se siente resistir el desdén y el maltrato de hombres poderosos con muchísimo dinero. Que muchos de los grandes empresarios de México, en su gran mayoría hombres mayores, la llamen "terrorista fiscal" es indicación de que ella se impuso. De que los incomoda. Y eso es digno de admiración.

El incremento en el salario mínimo será, quizás, la acción con el mayor impacto en la economía mexicana, y viene de un compromiso hecho por el Gobierno de Peña y los empresarios antes de que llegara AMLO. De la misma manera, bajo el mandato de AMLO se rompieron muchas de las relaciones de colusión entre líderes de los sindicatos de trabajadores y empresarios, quienes firmaban contratos colectivos por terribles sueldos y prestaciones. Durante décadas, el Gobierno se hizo de la vista gorda. El T-MEC creó un nuevo mecanismo que le permite a trabajadores inconformes denunciar violaciones a sus derechos laborales, obligando al Gobierno a tomar acción. Con base en la denuncia, Estados Unidos puede iniciar una queja, la cual puede derivar en una votación con observadores de distintos sectores. Para mayo de 2023, Estados Unidos había abierto ocho quejas distintas, todas en el sector manufacturero. El resultado ha sido un rápido debilitamiento de organizaciones sindicales que por años actuaban de manera abusiva, que se coludían con las empresas y, en algunos casos, extorsionaban y amenazaban a los trabajadores que aseguraban representar. Llegaron hasta a falsificar membresías, por lo que muchos trabajadores ni siquiera sabían que eran parte de un sindicato. El mecanismo del T-MEC no solo afecta a los trabajadores que han hecho denuncias, sino que ha llevado a otras empresas a "poner en orden" sus contratos en anticipación a una queja, como una especie de virtuoso efecto dominó.

Luego están las buenas decisiones tomadas por la administración de López Obrador, que, si se cumplen hasta el final del sexenio, dejarán al país en buena posición. El no haberse endeudado a niveles insostenibles ha sido benéfico para México. Esto, en combinación con el alza en tasas de interés a cargo del Banco de México, llevaron a una histórica apreciación de la moneda. Cuando López Obrador tomó el poder, un dólar costaba 20.38 pesos. Para agosto de 2023, el tipo de cambio estaba en 17.08. La apreciación de la moneda mexicana de 16% se llevó a cabo a partir de finales del 2021, atípica en México. El único otro episodio similar se dio entre febrero de 2009 y mayo de 2011, cuando se apreció 25%, pero la apreciación bajo AMLO ha sido más rápida.

Esta no es una medida de salud de la economía, pero sí toca un nervio en los mexicanos, quienes crecimos con una fijación al tipo de cambio después de las fuertes inflaciones y devaluaciones de los ochenta y noventa. Es por esto por lo que la 4T se lo cuelga como medalla. Pero la realidad es distinta. Una moneda fuerte abarata las importaciones y encarece las exportaciones, por lo que ha golpeado duramente a los agricultores. De acuerdo con datos de la UNAM, en los primeros meses de 2023, la actividad económica de los estados manufactureros y exportadores bajó significativamente.

A los millones de familias que dependen de las remesas que les envían sus familiares en Estados Unidos, les alcanza para mucho menos —lo cual puede ser una de las razones por las que los familiares cada vez envían más remesas, para compensar las pérdidas—. El turismo, otro pilar de la economía del país, se vuelve menos atractivo cuando el dólar es más fuerte. Y, finalmente, la entrada de divisas por petróleo también rinde menos en las arcas del Gobierno.

En el círculo de economistas e inversionistas de bonos mexicanos en el mercado internacional, se ha llegado a cuestionar la independencia de la gobernadora del Banco de México, Victoria Rodríguez, ya que algunos piensan que Banxico debiera intervenir en el mercado para debilitar la moneda y aliviar estas presiones. Yo no estoy segura de esto. Es natural pensar que Rodríguez sería criticada por López Obrador si decidiera abaratar el peso, sin duda, pero Banxico no intervino en el único episodio comparable. ¿Por qué lo haría ahora?

Es válido argumentar que la pandemia era un momento para endeudarse, porque era un momento en el que la ayuda del Gobierno pudo haber hecho la diferencia entre la vida y la muerte. Recuerdo bien que, en julio de 2021, mi colega Francesco Manetto y yo publicamos una entrevista con Arturo Herrera, la segunda para *El País*. Herrera dijo que un plan contra la covid-19 como el que implementaron las economías avanzadas, le hubiera costado a México 350 000 millones de pesos.[2] "Les puso un precio a las muertes", me dijo un reconocido economista en reacción a la entrevista.

Finalmente, hubo otro gran logro en materia laboral que ocurrió bajo esta administración, pero no es ni del presidente ni de su partido. A partir de una iniciativa enviada al Congreso por Movimiento Ciudadano, México pasó de garantizar seis días de vacaciones al año a 12. Somos el país que más horas trabaja entre los miembros de la OCDE y el menos productivo. Por décadas, se han relegado los derechos de los trabajadores y, durante este sexenio, esta situación mejoró de manera considerable, aunque quede mucho por hacer.

---

[2] Francesco Manetto e Isabella Cota, "Con un plan contra la covid como las economías avanzadas hoy tendríamos que pagar 350.000 millones de pesos más" (3 de julio de 2021), disponible en: https://elpais.com/mexico/2021-07-04/con-un-plan-contra-la-covid-como-en-las-economias-avanzadas-hoy-tendriamos-que-pagar-350000-millones-de-pesos-mas.html

En marzo de 2023 se generó una leve controversia en redes sociales cuando uno de los analistas de la política económica internacional más reconocidos del mundo, Ian Bremmer, habló de manera positiva sobre México bajo el mandato de AMLO. "Fascinante pasar un par de horas con el presidente López Obrador", escribió Bremmer en Twitter, con una foto abrazando al presidente. "Salí escuchando más optimismo sobre el futuro de México —de parte de empresarios, periodistas y el 'hombre de la calle'— que nunca antes había visto en el país", dijo el estadounidense. Su mensaje fue como un rechinido en el oído de los críticos del Gobierno.

La economía, vista como el cúmulo de decisiones que tomamos los ciudadanos con nuestro dinero, necesita optimismo. Para que una economía sea fuerte, es necesario que consumidores, inversionistas y empresarios sientan que las cosas van bien. Pero ese sentimiento no sirve de mucho si no hay una narrativa para encauzarlo. El *nearshoring* está aportando ese elemento narrativo que faltaba, y no es gracias a AMLO. En palabras de Bremmer: "hay mucha más incertidumbre sobre hacer negocios en la China de Xi Jinping" que en el México de AMLO.[3]

El *nearshoring* no ha beneficiado a todos por igual. Si bien la pobreza laboral bajó a nivel nacional, el Consejo Nacional de Evaluación de la Política de Desarrollo Social (Coneval) encontró que esta aumentó en 27 de los 32 estados entre el segundo y tercer trimestre de 2022. Guerrero, Sinaloa y Michoacán fueron los estados

---

[3] GZERO Staff e Ian Bremmer, "Optimism about Mexico's political and economic future" (6 de marzo de 2023), disponible en: https://www.gzeromedia. com/quick-take/optimism-about-mexicos-political-and-economic-future

Variación anual en la (IED)

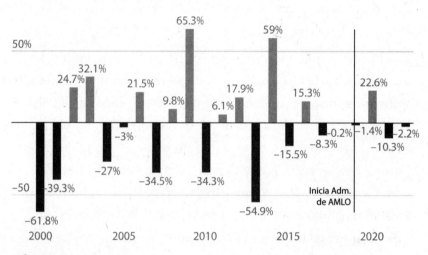

Fuente: Secretaría de Economía

con mayor aumento. Hidalgo, Coahuila y Morelos tuvieron la mayor reducción durante el mismo periodo.

Esto tiene que ver con la naturaleza del comercio exterior como catalizador de la actividad económica. El T-MEC busca corregir muchas de las deficiencias del TLCAN que generaron tanta desigualdad, pero el acuerdo sigue siendo una caja de herramientas e instrucciones para que las empresas sean más redituables. El acuerdo no es, por definición, un instrumento del desarrollo. Para que lo sea, los Gobiernos deben invertir lo recaudado en sus poblaciones.

Las pymes, principal fuente de empleo en México, no están integradas a la economía norteamericana. Solo 3% de las empresas en México que exportan a Estados Unidos son pymes, dijo el economista Ignacio Martínez, de la UNAM.

—Además, de cada 10 empresas micro y pequeñas, empresas de barrio, tres cerraron durante los tiempos álgidos de la pandemia, entre el primer y segundo repunte. En cambio, las empresas grandes, las cadenas, no cerraron, pero sí despidieron.

—Esto es porque no hubo un apoyo focalizado a las pequeñas empresas —respondí.

—Ni ayuda focalizada ni en impuestos —dijo Martínez—, platicando con las personas, yo les preguntaba si iban a hacer uso de los 25 000 pesos de la Secretaría de Economía, pero la gente no se quería endeudar, me decían 'no tengo para pagar y aparte no me sirve para mis montos de operación'. Hablando de legados, me parece que este sería uno de los negativos de López Obrador… Yo creo que aquí tuvimos una secretaria de Economía, Graciela Márquez, una experta en historia económica, que le costó mucho trabajo tomar las riendas de la Secretaría. Aquí sí cabe el argumento de que no es lo mismo estar en la academia a estar en un escritorio.

Márquez dejaría la Secretaría en poco tiempo para tomar las riendas del INEGI. Después llegaría Tatiana Clouthier y, finalmente, Buenrostro.

Martínez asegura que otro gran vacío de la administración de AMLO es que no armó una estrategia para impulsar el mercado interno.

—No se ha impulsado un encadenamiento del aparato productivo del país hacia adentro. ¿Por qué? Porque la economía crece de manera exógena. Inversión, remesas, exportaciones. Pero no es riqueza creada. Es riqueza importada.

—Si el Gobierno se define como lo defino yo —le pregunté al especialista—, como la organización de ciudadanos para hacer funcionar un país en sus diferentes planos, este, para mí, fue un no-Gobierno. ¿Coincide con este análisis?

—Sí —respondió Martínez—, totalmente de acuerdo.

El caso del maíz transgénico ilustra muy bien cómo esta es una administración en la que los técnicos y los académicos fallaron por lo que es, en mi opinión, una incompetencia generalizada en el cuerpo del Gobierno. En el último día de 2020, López Obrador publicó un decreto por el cual prohíbe el glifosato y el maíz transgénico. Muchos países han prohibido ya el glifosato, porque está comprobado que tiene efectos nocivos en la salud. Los ejemplos en Europa son particularmente relevantes, porque los países han podido prohibir el herbicida de manera individual a pesar de que forman parte del bloque económico-comercial que es la Unión Europea. Bayer, la empresa alemana dueña de Monsanto, ha tenido que pagar miles de millones de dólares en daños a personas en Estados Unidos que sufren de enfermedades como el cáncer derivado del herbicida, perdiendo apelación tras apelación.

Por su parte, no hay evidencia de que los cultivos genéticamente modificados sean nocivos para la salud, y la evidencia de que alteran la biodiversidad y otros cultivos no es conclusiva. Una prohibición al maíz transgénico pudiera considerarse, por lo tanto, una batalla perdida. La Secretaría de Economía pudo haberse enfocado en el glifosato. Pudo haber delineado una estrategia en la que, con base en los precedentes legales de las demandas en Estados Unidos, México se amparara para prohibir el glifosato. Existen alternativas al glifosato que son menos tóxicas. Sin recurrir a un esquema de incentivos que pudiera violar el acuerdo comercial, el Gobierno de México está en libertad de invertir en campañas de promoción de dichas alternativas, así como en investigación y desarrollo científico de una alternativa hecha en casa que en el mediano plazo se pueda ofrecer al mercado.

Pero esto hubiera requerido un trabajo de mucha gente competente en la 4T. Hubiera requerido una apertura, por parte del presidente, para escuchar a los científicos, a los abogados y a los consultores, y eso simplemente no sucede. No importa si la secretaria de Economía es autoridad en su campo, porque no está ahí por eso. El gabinete de AMLO está ahí porque son cercanos al presidente, sus conocimientos o capacidades solo valen si sirven para que él cumpla sus deseos. Un ejemplo de esto es Alejandro Encinas Nájera, subsecretario de Comercio Exterior. Encinas Nájera es doctor en ciencias sociales, inexperto en el tema de economía, pero hijo de uno de los políticos más cercanos a López Obrador, Alejandro Encinas Rodríguez. En la visión de AMLO, él es el único gobernando, y como él no imagina una alternativa más sofisticada al problema del glifosato y el maíz transgénico, su única herramienta es una simple prohibición. El resultado fue una disputa con Estados Unidos, un largo y costoso proceso de consultas en el marco del T-MEC.

En un artículo publicado en *The Atlantic* por la periodista polaca-estadounidense Anne Applebaum —en mi opinión, una de las mejores periodistas en el mundo—, se retrata el difícil momento por el que está pasando la democracia. La ilustración que acompaña su impecable pieza muestra a cinco mandatarios, vestidos de traje, caminando en la misma dirección, como personajes de la película *Perros de Reserva*. Son Nicolás Maduro, Aleksandr Lukashenko, Vladimir Putin, Xi Jinping y Recep Tayyip Erdogan. "Los malos van ganando", se titula, y cuando salió publicado en noviembre de 2021, lo leí casi con desesperación.

Applebaum hace referencia a un concepto desarrollado por el activista Srdja Popovic, llamado el "modelo Maduro" de Gobierno. Este es adoptado por autócratas que están "dispuestos a pagar el precio de convertirse en un país totalmente fallido, de ver a su país entrar en la categoría de estados fallidos"[4]. Gobernantes que aceptan el colapso económico, el aislamiento y la pobreza si eso

---

[4] Anne Applebaum, "The bad guys are winning" (15 de noviembre de 2021), disponible en: https://www.theatlantic.com/magazine/archive/2021/12/the-autocrats-are-winning/620526/

es necesario para mantenerse en el poder. Putin, en Rusia; Luka-shenko, en Bielorrusia; Bashar al Assad, en Siria; todos han aplica-do el modelo de Maduro. López Obrador no está en esta la lista de autócratas de Applebaum, quizás por que México no figura como clave en la geopolítica del momento, quizás porque López Obra-dor no es un autócrata del nivel de Maduro y los demás.

Pero el concepto es muy útil para entender a la 4T. López Obrador tiene una concepción muy limitada de la economía y, como vimos ya, no le interesa sacar de la pobreza a los millones de mexicanos que la padecen. Tampoco ve un crecimiento de la clase media como un éxito, por lo que prefiere que sus seguidores dejen de aspirar a elevar su nivel socioeconómico. Como no tiene idea de cómo impulsar una economía, le viene muy bien desacre-ditar el sueño de un mejor ingreso, una mejor educación y una red de garantías sociales. No es necesario ser un autócrata para implementar el modelo Maduro si la economía te importa poco y realmente lo que buscas como gobernante es concentrar y mante-ner el poder lo más que puedes.

"Andrés Manuel tiene bien poquitas métricas de lo que im-plica tener una buena economía", dice Sofía Ramírez, de México ¿cómo vamos?. "Que el tipo de cambio no se haga muy caro, que no haya mucha inflación y que el Gobierno no gaste mucho. Esas son sus tres medidas, punto. ¿Inversión? ¿Qué es eso? ¿Para qué quieres inversión? Eso es neoliberal, si el pueblo bueno siempre sale adelante. ¿Qué innovación necesitas? Eso no solo no lo entien-de, sino que realmente no le interesa meterlo en su imaginario".

Respecto a la cantidad de gente que se muere de hambre en el mundo, en México estamos muy lejos de eso. A pesar de que hubo un incremento en el número de mexicanos que pasaron por hambre durante y después de la pandemia, en términos históricos, México nunca había estado mejor. Las mujeres nunca habíamos tenido tantas prerrogativas, tanto acceso a educación, a paga medianamente igualitaria, a posiciones de toma de decisiones. Esto no quiere decir que estemos bien, pero es irrefutable que antes estábamos mucho peor. "Veníamos de un mundo que estaba cada vez en una mejor posición relativa en muchos frentes", dice Ramírez, "entonces, no es que no importa la economía, simplemente es que la economía ya no hace la diferencia de si yo y toda mi descendencia se va a quedar en la absoluta desprotección y se va a morir de hambre o no. Sí creo que Andrés Manuel está rayando en ese grupo de personas que mencionas", dijo Ramírez, refiriéndose al artículo de Applebaum, "ahí lo que hay de por medio es una pérdida de los valores democráticos, y los valores democráticos los tenemos muy asociados con el desarrollo económico".

El economista ruso-estadounidense Simon Kuznets, ganador del Premio Nobel en 1971, desarrolló una hipótesis que dice que, en un principio, los países pobres serían igualitarios. A medida que se van desarrollando, el ingreso se concentra y la distribución del ingreso empeora. Luego, con el desarrollo posterior, vuelve a ser igualitario y la desigualdad se nivela. Pareciera que ese modelo ya no aplica, dice Ramírez, "y lo que está en crisis realmente son los valores democráticos".

—¿Cuál crees que será el legado económico de López Obrador? —le pregunté a Ramírez—, o, quizás, ¿será un antilegado?

—El legado de Andrés Manuel va a ser otra cosa, no va a ser económico —respondió—, su herencia económica va a ser irrelevante. Su legado va a ser político, y no es menor. Él habló de la pobreza desde la pobreza. Ahí hay un cambio de narrativa. Hay una representatividad de la gente menos favorecida que por eso votan por él, porque son la mayoría, porque se sienten vistos por primera vez. Se ven a sí mismos en su historia familiar, no solo en su propia vida. Ese va a ser su legado.

El bono de género:
"Pervirtieron al Gobierno"

"OIGA, PRESIDENTE, UNA DUDA", DIJO AL MICRÓFONO UN PERIODISTA el 3 de marzo de 2020, en una rueda de prensa en Palacio Nacional. "En Villahermosa, Tabasco, en un hospital, un fármaco desafortunadamente que tenía una bacteria provocó la muerte de una persona. Me gustaría un comentario. ¿Se debe de castigar a esa empresa, esa empresa que surtió el fármaco? ¿Va a estar vetada por el Gobierno Federal?".

"Sí, pero no solo eso, se está haciendo una investigación", respondió López Obrador, tras el podio.[1] Para esas fechas, el presidente ya estaba flanqueado en el escenario por su secretario de Salud, Jorge Alcocer, y su subsecretario de Salud, Hugo López-Gatell, porque las preguntas sobre la covid-19 inundaban las conferencias matutinas. El mandatario habló sobre el caso del paciente que murió en Tabasco —el cual se convertiría más adelante en una tragedia mayor que cobraría más vidas— durante exactamente un minuto.[2] En su misma respuesta e inmensa habilidad

---

[1] Presidencia de la República, "Versión estenográfica de la conferencia de prensa matutina" (3 de marzo de 2020), disponible en: https://www.gob.mx/presidencia/articulos/version-estenografica-de-la-conferencia-de-prensa-matutina-martes-3-de-marzo-de-2020?idiom=es

[2] Gobierno de México, "#ConferenciaPresidente" | Martes 3 de marzo de 2020", disponible en: https://www.youtube.com/watch?v=M7nkNaFnN-4

para desviar la atención, cambió repentinamente el tema para abrir una de las heridas más lacerantes del país y, de paso, justificar la que es quizás su medida más neoliberal de todas: la eliminación de las estancias infantiles.

"¿Saben cuál es el saldo más doloroso de la política de privatización en los servicios de salud y en la seguridad social en México? La Guardería ABC. Ya no puede haber algo más triste que eso, por subrogar los servicios. Pero no solo es eso. Cuando nosotros llegamos, ya tenían subrogados también servicios de las estancias infantiles. ¿No se acuerdan cuánta oposición porque habían creado un sistema de estancias infantiles en donde se entregaba dinero a los encargados de estancias infantiles en donde en casas particulares, en lugares no aptos, se tenía a los niños y hubo toda una oposición en contra?", dijo el mandatario.

En los años que ha estado López Obrador en el poder, he escuchado a muchos —uno que otro exfuncionario de su administración, incluso— decir que el presidente está en decadencia mental, que sufre de senilidad. Pero yo lo escucho aprovechar cada una de sus largas pausas, cada mensaje engañosamente formulado como pregunta y cada sutil manipulación, y concluyo que se equivocan. Dudo mucho que alguien que padezca un debilitamiento de sus facultades mentales tenga tales habilidades de comunicación. A mi parecer, no hay comunicador más hábil que López Obrador, y no lo digo con admiración.

"¿Ahora qué hacemos?", siguió, "entregamos de manera directa el apoyo a las madres, a los padres, y esos niños siguen recibiendo su apoyo, pero ya que ellos decidan qué hacer con ese apoyo… porque todo era negocio y era negocio arriba, desde luego los grandes negocios, pero también embarraban a sectores medios, familiares de funcionarios, nepotismo, concesiones. Pervirtieron el Gobierno, era un instrumento al servicio de la corrupción".

Qué manera de asociar la muerte de un mexicano en Tabasco, ocurrida en 2020, derivada de la profunda incompetencia de su administración, con los abusos del expresidente y archirrival político de López Obrador, Felipe Calderón, en 2009.

En el incendio de la Guardería ABC, en Hermosillo, Sonora, murieron 49 niños y otros 106 resultaron heridos. Ninguna autoridad se enfrentó a la justicia, algo que, quizás, pudo haber cambiado durante el Gobierno de AMLO. El accidente exhibió a los familiares y círculo cercano de Calderón, quienes, como bien dice López Obrador, lucraron con las concesiones de las estancias infantiles otorgadas por el Gobierno sin preocuparse por algo tan básico como la seguridad. Con esta tragedia, López Obrador justificó la eliminación del esquema de instancias infantiles en el que el Gobierno otorgaba concesiones o contratos a guarderías privadas. A las familias más necesitadas, el Gobierno les pagaba la totalidad del servicio o un subsidio parcial, el cual iba directo a la estancia. Millones de familias dependían de estas guarderías para poder traer un ingreso al hogar.

Bajo la administración de AMLO puedo contar, por lo menos, cinco incidentes comparables a la tragedia de la Guardería ABC. En Tlahuelilpan, 137 habitantes murieron cuando explotó un ducto de gasolina, el cual se especula que fue perforado para robar el combustible. En El Pinabete, 10 mineros perdieron la vida cuando la mina se derrumbó. En Ciudad de México, 26 pasajeros murieron cuando un tren de la línea 12 del metro colapsó. En Tuxtla, 55 migrantes perdieron la vida cuando viajaban dentro de un tráiler que circulaba a exceso de velocidad. En Ciudad Juárez, un incendio en un centro de detención del Instituto Nacional de Migración cobró la vida de 38 personas. Todos estos fueron incidentes que exhibieron corrupción, negligencia, incompetencia, ausencia de Estado de Derecho o desvío de recursos por parte de las autoridades, ya sea federales o locales.

Pero AMLO no se deshizo de los ductos de gasolina, ni de las minas, ni de los tráileres, ni mucho menos de los centros de detención. Pero sí se deshizo de las instancias infantiles. Eliminar guarderías para darle dinero en efectivo a los padres de familia es tan absurdo como clausurar el metro y transferirles dinero a los ciudadanos para "que ellos decidan" cómo moverse de un lugar a otro.

Y, por cierto, tres años después del incidente en el hospital de Tabasco, aquel del que preguntaba el periodista en la conferencia de prensa, se sabe que se trató de heparina contaminada, la cual fue administrada en casi 150 empleados de Pemex y/o familiares. 69 de ellos sufrieron daños en la salud, incluyendo uno que quedó paralítico. 14 personas murieron. La empresa farmacéutica no fue vetada, nadie se hizo responsable y no se abrió un proceso judicial en contra de nadie.

Las mujeres mexicanas son las que menos trabajan de manera remunerada en toda América Latina, a excepción de las guatemaltecas, según datos del Banco Mundial.[3] En 2019, la brecha en la participación en el mercado laboral era de 45% de mujeres comparado con 77% de hombres. Después de la pandemia, el porcentaje de mujeres que no participan en el mercado laboral mexicano llegó a 60%, según México ¿cómo vamos? Esto no quiere decir que no trabajan. Quiere decir que trabajan en la informalidad y/o en los hogares, sin remuneración. Si se lograra incrementar

---

[3] Banco Mundial, "La participación laboral de la mujer en México" (8 de marzo de 2021), disponible en: https://www.bancomundial.org/es/region/lac/publication/la-participacion-de-la-mujer-en-el-mercado-laboral-en-mexico

la participación laboral femenina hasta igualarla a la masculina, el PIB anual del país crecería al menos 3.6%, según estimaciones del Centro de Estudios Espinoza Iglesias (CEEY).[4] Es decir, en diez años, el PIB incrementaría 43%. Este es el bono de género no explotado que tiene México.

Para una feminista como yo, es sumamente frustrante que en el año 2023 todavía tengamos que explicar cómo el acceso a un sistema de cuidados, el cual se define como el conjunto de políticas, programas y acciones articulados para garantizar los derechos de aquellos que necesitan y brindan cuidados,[5] es un tema de género. Si bien hay familias monoparentales en las que la madre está ausente, la gran (¡gran!) mayoría de los hijos en México son responsabilidad de las mujeres de la familia, ya sea las madres o las abuelas. Por cuidar de sus hijos o nietos, hay millones de mexicanas que no terminan su educación, por lo que no pueden aspirar a un empleo formal y bien pagado. Lo que es más triste, en mi opinión, es que muchas han creído que su trabajo en el hogar lo deben hacer gratis porque son buenas mujeres y las buenas mujeres se sacrifican para cuidar de todos sin esperar nada a cambio. Esta basura ideológica no solo limita a las mujeres, sino al país.

Sin una red de cuidados para los menores, las mujeres difícilmente pueden tener un trabajo pagado. Gobiernos en países desarrollados —a excepción de nuestro vecino del norte, que parece ir en su propio camino hacia el pasado— han entendido que se genera más riqueza cuando los padres tienen un lugar seguro en donde dejar a sus hijos en horarios laborales. Para lograr

---

[4] CEEY, "Ser mujer en méxico limita la movilidad social" (marzo de 2023), disponible en: https://ceey.org.mx/ser-mujer-en-mexico-limita-la-movilidad-social/

[5] Códice en colaboración con el CEEY, "El Sistema Nacional de Cuidados en 5 puntos" (23 de marzo de 2022), disponible en: https://ceey.org.mx/el-sistema-nacional-de-cuidados-en-5-puntos/

tasas de participación laboral femenina de 71%, como la de Portugal, el Gobierno allá ha creado esquemas de guarderías y escuelas que permiten a los padres de familia —particularmente, a las madres— trabajar. Los países más ricos y en donde existe menor desigualdad tienen en común una alta participación de las mujeres en el trabajo y un sistema de cuidados para menores y para adultos mayores.

Es cierto que las tasas de fertilidad han disminuido a medida que ha aumentado la participación de la mujer en la fuerza laboral, por lo que el tema ha formado parte de un debate global sobre la población humana. Hay quienes argumentan que la población debe aumentar para sostener los sistemas de pensiones, mientras otros opinan que la única manera de salvar al planeta es reduciendo dramáticamente la población mundial. Pero es posible que lo hayamos estado haciendo mal todo este tiempo. Un estudio reciente de la OCDE muestra que ha habido una reversión sorprendente en la tendencia fertilidad-participación laboral femenina en los países más ricos. Conforme el acceso al sistema de cuidados se va expandiendo, incrementa la participación de las mujeres en el mercado laboral y estas han tenido más hijos.[6] Es decir, las mujeres tienen más hijos cuando ganan lo suficiente y hay una red que las apoya.

En México, López Obrador desmanteló el sistema de guarderías y espera que sean las mujeres o los adultos mayores los que cuiden a los menores. Así lo aseguró el mismo Carlos Urzúa, entonces secretario de Hacienda, en una reunión con senadores de Morena en 2019, antes de salir del Gobierno. Este esquema es

---

[6] *The Economist*, "In rich countries, working women and more babies go hand in hand" (23 de Agosto de 2022), disponible en: https://www.economist.com/graphic-detail/2022/08/23/in-rich-countries-working-women-and-more-babies-go-hand-in-hand

problemático por muchas razones, incluyendo el hecho de que, en el país, 90% de las violaciones sexuales a niñas suceden en el hogar.[7] En muchos casos, el violador es el abuelo. Para muchísimos niños, la guardería es un refugio en donde también se estimulan su desarrollo y sus habilidades sociales.

Además, en el supuesto de que las familias tengan guarderías privadas cercanas en las que pueden usar el dinero que el Gobierno envía directamente, no hay garantía de que lo gastarán en eso. Es bien sabido que las mujeres gastan más en el hogar que los hombres. Si el padre tuviera acceso a esta transferencia directa, ¿quién garantiza que no se lo gastará en algo personal? Las familias tienen muchas otras necesidades y esto pudiera derivar en que no se cumpla el objetivo de generar capacidades dentro de nuestra población.

Parte del discurso presidencial ha sido romantizar a la familia, y esta comúnmente es, por lo menos en México, un núcleo de violencia y abuso en donde se repiten nocivos patrones culturales.

Desde un análisis económico, esta política mantiene a las familias en la pobreza. Un estudio del CEEY encontró que las familias que integran 25% de la población más pobre del país y que tienen acceso a algún tipo de servicio de seguridad social —eso incluye asilos, guarderías u otro tipo de servicios—, tienen el doble de probabilidades de tener movilidad social que aquellas que no tuvieron ese acceso.

"Es decir, tú puedes estar al principio de la distribución por ingreso, pero el hecho de tener acceso a algún tipo de servicio de seguridad social, ya sea porque trabajas en el sector formal o

---

[7] Almudena Barragán, "El 90% de las violaciones contra niñas en México sucede en el entorno familiar" (3 de noviembre de 2021), disponible en: https://elpais.com/mexico/2021-11-03/el-90-de-las-violaciones-contra-ninas-en-mexico-sucede-en-el-entorno-familiar.html

porque eres empleada de alguna paraestatal o por la razón que tú quieras, te duplica la probabilidad de tener movilidad social", me explicó Sofía Ramírez, de MCV. El Instituto Nacional de las Mujeres (Inmujeres) criticó el estudio diciendo que lo ideal no es que las personas salten de un decil de pobreza a otro, sino que todos los que se encuentran en un decil más bajo, mejoren su calidad de vida por igual. Pero "va junto con pegado, porque claramente tú quieres mejores condiciones para todos, no peores condiciones para todos", dijo Ramírez, "la crítica no me parece inválida, al contrario, pero me parece que está perdiendo de vista la posibilidad de que uno puede definir su propio destino si va de por medio el que tengas acceso a servicios sociales. Por eso me parece tan importante".

El programa de Apoyo para el Bienestar de menores de López Obrador, otorga 1 600 pesos bimestrales a los padres de un menor de entre cero y cuatro años; y 3 600 pesos bimestrales a los padres de niños de entre cuatro y seis años.[8] En comparación, el salario promedio en un empleo informal, sector en el que la mayoría de las mujeres trabajan, es de 4 400 pesos al mes. Los apoyos que ofrece el Gobierno por tener un niño, no cubren su costo de oportunidad. "En cualquier caso, es mejor dejarlo en una estancia infantil y salir a trabajar, aunque sea por 600 pesos más, que no me van a hacer más rica, pero sí está mejorando en el margen la calidad de vida del hogar y del niño", dijo Ramírez.

El mecanismo de entregar el subsidio y/o la concesión para una guardería a un privado, garantiza los suficientes recursos

---

[8] SEGOB, "Acuerdo por el que se emiten las Reglas de Operación del Programa de Apoyo para el Bienestar de las Niñas y Niños, Hijos de Madres Trabajadoras, para el ejercicio fiscal 2022" (29 de diciembre de 2021), disponible en: https://www.dof.gob.mx/nota_detalle.php?codigo=5639617&fecha=29/12/2021#gsc.tab=0

para que las guarderías operen. Poner el dinero directamente en manos de los padres no garantiza que se gastará en la estancia infantil, generando problemas de flujo para las guarderías que, al final del día, son pequeñas empresas. AMLO criticó la "privatización" de los cuidados de menores y adultos mayores… y dejó que el mercado hiciera lo suyo sin interferencia del Estado.

"Ni siquiera estoy diciendo [que] dejen de darle la transferencia a las mujeres, lo que pido es que asignen más dinero a las cosas que importan y las cosas que importan son escuelas, hospitales, estancias, porque son servicios que no pueden pagar en el sector privado. Si a mí me dieran en efectivo lo que me cuesta la colegiatura de mis hijos, yo no podría pagar la misma calidad de maestros y maestras y de atención que puedo pagar hoy gracias a que somos parte de una colectividad en una economía de escala que se llama escuela. Yo siento que ahí este Gobierno está errando en grande, porque esa es la parte social, esa parte colectiva. Puedes criticar que la movilidad social no lo es todo, bueno, entonces vamos a mejorar todos. Pero tampoco están invirtiendo para que eso pase", dijo Ramírez. El Gobierno gasta solo 0.4% del Presupuesto de Egresos en el sistema de cuidados. Esto equivale a 0.1% del PIB, de acuerdo con el Centro de Investigación Económica y Presupuestaria (CIEP).

Una vez cruzado el umbral que divide el trabajo informal del formal, el Gobierno ya no es el único responsable de emparejar la cancha en la que juegan hombres y mujeres. Las empresas tienen un rol muy importante, por lo que llamé a Aidée Zamorano, mejor conocida como Mamá Godín. Después de graduarse de la licenciatura en Comunicación y de la maestría en Administración Pública y Política Pública del Tecnológico de Monterrey campus Estado de México, Zamorano empezó su vida como mamá a la par de su carrera profesional. Se llama a sí misma "desastróloga", porque se dedica a predecir y reducir el riesgo de desastres naturales, como inundaciones y huracanes.

La violencia laboral empezó cuando Zamorano se casó y la empresa que la empleaba la despidió, asumiendo que se embarazaría. En su siguiente trabajo, cuando se embarazó, fue peor. "Me acuerdo en la oficina, cuando yo les decía que seguiría trabajando después de tener a mi bebé, me miraban rarísimo, como si fuera a dejar al bebé amarrado a un árbol o algo así", dijo Zamorano vía videollamada. Su tono es tan directo y claro que no puedo evitar sentir una afinidad hacia ella. Cuando una mujer habla con tal seguridad en sí misma y sin rodeos, inmediatamente quiero ser su amiga. Creo que a muchos hombres les pasa lo opuesto. Las mujeres así, les repelen o los intimidan.

Aún antes de AMLO, el sistema de cuidados en México ya era disfuncional e insuficiente. Al momento de su primer embarazo, el ingreso de Zamorano rondaba los 20 000 pesos al mes, más otros 20 000 de su esposo. El IMSS no aceptó a su bebé porque tenía ictericia por seno materno, a pesar de ser una condición que rara vez causa afectaciones graves y que se pasa con el tiempo. Para que ella y su esposo pudieran regresar a trabajar, su mamá y su suegra se tuvieron que turnar el cuidado del bebé semanalmente. Después de unos tres meses, como caída del cielo, una pequeña escuela privada aceptó el cuidado del bebé. "Siempre ha sido pagar, pagar y pagar privados", contó Zamorano.

"Cuando regresé a trabajar del primer hijo de incapacidad, mi exjefa ya le había ofrecido mi puesto a mi entonces becaria, porque estaban convencidas que yo no iba a regresar de mi licencia de maternidad. Les rompí el plan y empezó un acoso personal focalizado hacia mí, hasta que consiguieron que renunciara", recordó Zamorano. "Embarazada de mi segundo niño, empiezo a vivir un montón de violencias sistémicas. En el trabajo me preguntaban 'Aideé, ¿quién te va a cuidar a los niños? ¿Vas a seguir trabajando?' o me decían 'no puedes crecer ahorita, porque pues estás embarazada'. Cosas así que a mi esposo nadie le dijo. Estereotipos y violencias de género, porque es lo que son y le tenemos que llamar por su nombre correcto".

Las mujeres como Zamorano y como yo, quienes tuvimos suficiente espacio de niñas para soñar e imaginar una vida propia, tenemos ambiciones profesionales a la par de las personales. No es hasta la universidad y dentro del mercado laboral, que caemos en la cuenta de que el mundo no acepta que nosotras soñemos como lo hacen los hombres. Para un hombre, creer en sí mismo es meramente una opción. Para una mujer, es una revolución.

"Me di cuenta de que esto es muy difícil", dice Zamorano, "que es exactamente una violencia estructural, que no es un tema mío, que no es que yo no me sepa organizar o que no es que yo esté haciendo las cosas mal, sino que hay una falta de entendimiento y una falta de perspectiva de género tanto en los centros de trabajo como en las políticas corporativas y las públicas".

En 2016, Zamorano abrió una cuenta de Facebook llamada Mamá Godín, como una respuesta a las violencias que sufrió durante su embarazo. Al poco tiempo, al leer los testimonios de otras mujeres y los comentarios en sus publicaciones, le cayó el veinte de que lo personal es, en realidad, político. La descripción de la página, en donde acumula casi 120 000 seguidores, reza: "Ser madre trabajadora en México, es un problema público y como tal debe ser atendido". Poco a poco, su activismo fue tomando forma y Zamorano es ahora editorialista en el portal *Opinión 51*, además de participar en foros y otros espacios de incidencia legislativa. Su labor de difusión sobre la reforma que incrementó los días de vacaciones de seis a 12 días fue fundamental.

Quizás, de manera más importante, Zamorano desarrolló un ranking de empresas único en el país. Más de 200 empresas del país, las cuales emplean a más de 200 000 personas en total, responden un cuestionario anual con 55 reactivos. Zamorano después analiza los datos para colocarlos en una lista en orden de mejores prácticas corporativas para la corresponsabilidad de cuidados. "No estoy pidiendo un trato especial para las mujeres, estoy pidiendo la igualdad de oportunidades para hombres y para mujeres y, muy en específico, para las madres", aseguró Zamorano, "en México no hay un antecedente del ranking de Mama Godín. El ranking es pionero en medir esta correlación de la maternidad y el abandono de trabajo". En 2022, los puntajes más altos los obtuvieron empresas extranjeras trasnacionales.

Solo una de cada 20 plazas está ocupada por madres (7%), de acuerdo con el ranking. Necesitamos no solo mejorar los permisos por maternidad, sino también los de paternidad, argumentó Zamorano. "Tengo objetivos desde Mamá Godín, tres pilares que son: pago igual por trabajo igual, oportunidades reales de crecimiento en la escalera corporativa y prestaciones equivalentes por maternidad y paternidad", apuntó.

Una tarde de julio de 2021, unos días después de que saliera publicada nuestra investigación sobre WhiteWater Midstream y la CFE, llegué al consultorio de mi terapeuta. Como muchas mujeres de mi edad, he padecido episodios de ansiedad a través de mi vida y en ese momento atravesaba uno de los más intensos. Muchos no se dan cuenta de que los periodistas somos, hasta cierto punto, trabajadores de primera línea, con todas las afectaciones que eso conlleva.

Cuando azotó la pandemia, hubo millones que trabajan en el campo, en fábricas o en hospitales que no se pudieron dar el lujo de trabajar desde casa y arriesgaron su vida todos los días para proveernos de alimentos, productos y servicios de salud. Aunque muchos periodistas tuvimos el enorme privilegio de trabajar desde casa, hay un componente de nuestro trabajo que otros trabajos no tienen y por el cual pagamos con nuestra salud mental: no poder desconectarnos de la actualidad. Poco a poco, durante el verano de 2020, observé cómo mis amigos que ejercen otras profesiones dejaron lentamente de leer y absorber noticias diariamente. Se sentían más tranquilos, me decían. Qué envidia, pensé mil veces. En mi opinión, en estos años de pandemia, la posibilidad de desconectarse del mundo se volvió un símbolo de privilegio.

Yo no podía hacer eso. Mi trabajo es generar dicha información sin importar qué tan terrorífica se vuelva la actualidad. Tengo que estar bien informada para poder analizar, en tiempo real, las implicaciones para mis lectores, para mi país o para el mundo. Esto, aunado a las presiones y amenazas que recibimos a partir de la investigación de posible corrupción que acabábamos de publicar, me llevó a consultar con una terapeuta. Y claro, no olvidemos que México es uno de los países más peligrosos para ejercer el periodismo.

Yo no vivo en la precariedad laboral y social en la que viven mis colegas que trabajan para medios locales, pequeños, y que escriben sobre el crimen organizado. En este sentido, soy muy afortunada. Esto no cambia, sin embargo, que cuando yo leo o escucho las historias de mis colegas asesinados, no me afecta a un nivel más profundo que a quienes no ejercen el periodismo. ("Es como si un dentista leyera en los titulares que están matando a dentistas", me ofreció como explicación mi terapeuta). Por todas estas razones, la terapia se ha convertido en mi medicina esencial.

Ese día, yo ya sabía de qué quería hablar. López Obrador llevaba semanas atacando a España, a su Gobierno, a su monarquía y, por supuesto, a *El País*, y yo estaba por presentarme en la conferencia de prensa matutina para hacerle una pregunta directamente sobre el tema WhiteWater. Unos días antes, AMLO había llamado a *El País* "zopilote", "pasquín" y "monserga". Queda claro por qué me sentía ansiosa, ¿correcto?

"Por si fuera poco", le conté a mi terapeuta, una mujer muy preparada de entre 50 y 60 años, "soy mujer, y ya sabemos cómo AMLO odia a las mujeres". Para ese entonces, López Obrador ya había descalificado las marchas del día de la mujer y acusado a las feministas de haber sido manipuladas por "conservadores".

"No estoy de acuerdo", me dijo mi terapeuta, para mi enorme sorpresa. "El presidente es patriarcal, no misógino".

Sus palabras se grabaron en mi memoria porque en algún rincón de mi razón yo sospechaba que era cierto. Como he dicho antes aquí, saber lo que piensa realmente Andrés Manuel López Obrador es imposible, solo podemos especular. Mi terapeuta después ofreció una tesis provocadora. Me dijo que las mujeres eran felices siendo amas de casa antes de que el feminismo las pusiera a trabajar el doble, en la oficina y en el hogar. (Esta no fue una razón para dejar de ir a terapia con ella, por cierto. Su punto de vista me parece no solo válido, sino interesante, además de que es excelente terapeuta).

"¡Ella estudió y tiene una carrera!", le conté a Ramírez unos meses después, "me sorprendió mucho que dijera algo así una profesionista de su nivel".

"Me acaba de caer un veinte enorme que lo he tenido en frente todo este tiempo", respondió. Sofía, a quien considero una amiga, además de una de las mejores especialistas en su ámbito, es una de esas mujeres que me hacen creer profundamente en el feminismo. Es sorora, comprometida y de alta calidad humana. "Cuando tenía como 10 u 11 años, no me acuerdo a propósito de qué cosa, mi papá me dijo: 'es un lujo que tu mamá esté en casa y que podamos tener el lujo de que tu mamá esté en casa'. Y en ese momento yo dije 'claro, tengo que ser agradecida, tengo una mamá de tiempo completo que no tiene que trabajar'.

"Por supuesto, en mi crecimiento se movió todo en mi cabeza y yo tengo dos hijos que me costó trabajo dejar en la guardería, pero era porque la socialización esperaba que yo me quedara con ellos. Yo vengo de una clase media, que, si eso lo extrapolo al comentario de la psiquiatra, me hace mucho sentido que muchas familias crean que es un lujo que la madre se pueda quedar en casa, que alcance para eso".

Esto puede ser, también, un tema generacional. He asistido a casi todas las marchas del 8 de marzo en Ciudad de México desde 2016, y cada año veo que se unen más mujeres mayores. Pero el actual es un movimiento de mujeres muy jóvenes, hartas de padecer una violencia física más fuerte que la que vivieron sus madres o sus abuelas —porque la violencia de género no es más que la expresión más machista de la violencia generalizada que vive y sufre este país—. El feminismo ha venido por olas, y muchas que navegaron la segunda ola, entre 1960 y mediados de los setenta, se han vuelto más conservadoras con la edad, lo cual es de esperarse.

"Esto es muy humano", dijo Ramírez, "muchas de estas mujeres tuvieron que abrirse paso a codazos en un mundo de hombres donde el patriarcado era mucho más duro, y entonces, en vez de identificarlo como un problema del patriarcado, lo acaban identificando como 'si yo la pasé mal, pues yo no le voy a ayudar a nadie, porque a mí nadie me ayudó', y no creo que sea así tan racional ni tan consciente. Es muy sorprendente cómo las mujeres más jóvenes, a diferencia de las que son mayores de 40, sí son mucho más igualitarias. No le llaman sororidad, porque eso también es muy tercera ola, son mucho más igualitarias en las posibilidades, en las condiciones, en las exigencias, y creo que va un poco de la mano".

Qué difícil es saber si en realidad las mujeres en los cincuenta eran más felices que sus hijas. Imagino a un encuestador haciendo preguntas sobre la felicidad a una mujer, quien quizás responde sentada junto a su esposo o sus hijos. Dudo mucho que hayan sido muchas las mujeres de esa época que cuestionaran su satisfacción, realización o desarrollo personal. Esos no eran los valores ni para los hombres, mucho menos sería algo que pudiera esperar una mujer.

"¿Quién no está contenta de tener una camioneta, una casa en Las Lomas, un chofer y tres empleadas? Cuando tienes esa posibilidad, en la medida en la que se encarece todo el nivel de vida y los salarios se deprimen, el poder adquisitivo se deprime en contra de los salarios, ahí estás menos contenta en tu posición relativa. Claro, porque ya no tienes esa posición de privilegio", dice Ramírez. En pocas palabras: antes, con un ingreso de clase media bastaba, por lo que las mujeres no tenían que trabajar. Hoy, ese ya no es el caso.

Yo nací y crecí en San Pedro Garza García, posiblemente el municipio más rico de América Latina cuando se estima el ingreso per cápita. En San Pedro, una madre que trabaja por necesidad es motivo de vergüenza. Una mujer que quiere trabajar para no depender de su marido es anormal y no es de fiar. En mi caso, mi posición económica se describe mejor así: demasiado pobre para ser rica y demasiado rica para ser pobre. Esto quiere decir que yo empecé a trabajar, por necesidad, desde mis años universitarios. No contaba con que tener mi propio dinero en la bolsa me trasformaría y detonaría en mí un proceso de autodeterminación que muchas de mis amigas todavía, en sus 40, no experimentan. Mi respuesta a la provocadora tesis de mi terapeuta es: si ser amas de casa sin paga es tal fuente de felicidad, ¿por qué no es lo que los hombres han hecho históricamente?

"Las mujeres vamos mucho más adelante en exigir derechos, en actividad económica, en participación económica, en aspiraciones. Y los hombres no, porque nadie en una posición de privilegio va a decir 'quiero menos privilegios'. Obviamente no va la evolución a la par y existe este continuo choque del feminismo con este sistema patriarcal que vemos claramente en el discurso del presidente", dijo Ramírez.

Durante el pico de la pandemia de la covid-19, el presidente dijo que las hijas son tradicionalmente más apegadas a los padres, por lo que se esperaba que ellas fueran a cuidarlos si enfermaban. El discurso fue enaltecer a la familia no como fuente de violencia, sino como fuente de amor incondicional. Este es un Gobierno que cree en esa estructura patriarcal que invisibiliza a las madres trabajadoras y en el cual siempre son los más pobres los que pagan.

En 2021, MCV levantó una encuesta para conocer las expectativas económicas a futuro de los mexicanos y encontró que las mujeres tienen perspectivas más negativas que los hombres. "Y eso también se podía cruzar con que las mujeres se sentían, además, más relegadas en términos de las promesas de campaña del Gobierno", explicó Ramírez, "no quiere decir que no vayan a votar por Morena, solamente quiere decir que están más desencantadas… la afinidad de las mujeres hacia Andrés Manuel López Obrador ha ido disminuyendo".

Para Zamorano, las políticas patriarcales de AMLO son prueba irrefutable de que el presidente es misógino, y el daño que ha hecho va más allá del retroceso económico de las mujeres durante su sexenio.

"¿Por qué una mamá decide quedarse a cuidar a sus hijos? ¿Porque quiere o porque es lo que se espera de ella?", cuestionó Zamorano. "Muchos me dicen que es decisión personal no quedarse a cuidar a los hijos. La verdad es que ojalá fuera así. Esa es una forma muy romántica de entender la violencia y la división sexual del trabajo, que a nosotras nos pone en el rol de los cuidados. Estuve leyendo muchos mensajes en redes en donde las mujeres me decían que, afortunadamente, las corrieron en la pandemia. Esto significa que prefieren perder su medio de vida, su seguridad social, los beneficios extra que pudieron haber tenido de acuerdo con las empresas… se compraron esa idea que les vendió el presidente de que las mujeres son más apegadas a sus papás. Sus políticas han permeado en la cultura".

"Antes de AMLO, el desastre más grande en México, en mi opinión, había sido el terremoto del 85. Se hablaba de más de 10 000 vidas que se habían perdido en un solo evento", dijo Zamorano, con un tono tan triste como urgente. Su voz se sentía derrotada.

"Hoy, el desastre más grande que hemos atravesado en México, y que no estoy segura de que todas las personas lo tengamos consciente, es la gestión de la pandemia que hemos vivido con AMLO. Llevamos más de 500 000 vidas perdidas, tenemos un sistema de vacunación fallido; no estamos vacunando a nuestras infancias, que es otra forma en la que nos dijo que no le importan las nuevas generaciones, que no le importan las mujeres y no le importan las familias", dijo Zamorano en marzo de 2022. El Gobierno finalmente cedió a la presión y empezó a vacunar a los niños a finales de ese año.

El secretario de Hacienda: "Tenemos que decidir si queremos perder lo ganado"

CARLOS URZÚA NO HABÍA VISTO NI HABLADO CON AMLO POR AÑOS cuando, en 2018, a través de personas en común, López Obrador lo invitó a formar parte de su campaña. Urzúa declinó respetuosamente. Unos meses después, cuando López Obrador ganó la contienda, la invitación a formar parte de su gabinete fue directa. Urzúa, de nuevo, lo rechazó y le ofreció a cambio una corta lista de nombres de personas que él recomendaba para el puesto.

"Yo no quería ser secretario de Hacienda, de veras que no quería", me dijo Urzúa en una de nuestras entrevistas. "Yo le dije 'mira, la verdad, tú y yo nos conocemos, yo sé que vamos a tener problemas, tú sabes que yo voy a decir lo que yo pienso. Entonces, ¿para qué?' AMLO insistió… y al final acepté", contó.

En cualquier otra administración, ser secretario de Hacienda venía con un nivel de poder y prestigio comparable solo, quizás, con el secretario de Gobernación. Excepto que la cartera de finanzas tiene proyección internacional. Los bonos soberanos de México son los favoritos de Wall Street, y un exsecretario de Hacienda se codea en las salas de los Gobiernos y bancos más poderosos del mundo.

Pero esta no es una administración como las otras, y AMLO se encargó de mandar ese mensaje temprano, en marzo de 2019.

Llevaba poco más de tres meses en el poder y el entonces subse-cretario, Arturo Herrera, viajó a Londres, en donde ofreció una entrevista al *Financial Times* (FT). Debido al limitado presupuesto disponible para el Gobierno Federal y para ayudar a Pemex a pa-gar su enorme deuda, se retrasaría la construcción de la refinería en Dos Bocas para inyectar ese dinero a Pemex, dijo Herrera. La obra había generado críticas en los medios internacionales por sus implicaciones ambientales y por el hecho de que la refina-ción es uno de los negocios menos redituables de la paraestatal. "México retrasa polémico proyecto de refinería de petróleo", ti-tuló el FT[1].

Horas después de la publicación del artículo, AMLO tomó el podio de su conferencia matutina en Palacio Nacional: "No hay retrasos en la construcción. Estamos muy bien y se va a construir la refinería, se va a terminar en tres años, como se contempló". El mensaje detrás del mensaje fue: el único que tiene poder soy yo y la gente en mi gabinete está ahí para hacer cumplir mi vo-luntad solamente. Urzúa dejó su puesto al poco tiempo y subió en su lugar Herrera, quien, de acuerdo con varias fuentes cercanas al Gobierno, nunca fue querido por López Obrador. La razón por la que lo eligió a él, fue porque no tiene aliados cercanos, ni siquiera conocidos, con conocimiento suficiente de la materia y no tenía idea de quién más pudiera tomar ese puesto. Algunos di-cen que en ese momento le pidió a Rogelio Ramírez de la O que entrara al quite, pero Ramírez de la O, al igual que Urzúa, ya lo había rechazado antes y lo hizo de nuevo. En este caso, lo más fácil era dárselo al que estaba ya en la fila.

---

[1] Jonathan Wheatley y Jude Webber, "Mexico delays contentious oil refinery Project" (12 de marzo de 2029), disponible en: https://www.ft.com/content/b78e-c42a-4428-11e9-b168-96a37d002cd3

AMLO contradijo a Herrera tres veces más durante los dos años que fue secretario. En una ocasión, López Obrador se quejó de que la proyección de crecimiento del PIB de Hacienda se había quedado corta. En otra, Herrera se había atrevido a hablar en una convención nacional de fondos de pensión (Afores), en donde había dicho que para que los trabajadores se retiren con pensiones más dignas, había que elevar el monto de ahorro voluntario o la edad de retiro. AMLO tomó la declaración como una amenaza a su popularidad y al día siguiente dijo que no se elevaría la edad de retiro. Y en abril de 2019, después de que Herrera le planteara al Congreso la necesidad de recaudar más impuestos, quizás a través de una tenencia, López Obrador dijo, con el propio Herrera en el escenario, que no habría un solo nuevo impuesto.

Fuentes internas me contaron cómo Herrera y AMLO prácticamente no hablaban. Al secretario le llegaban órdenes de operadores políticos, en lugar del presidente directamente, y eran siempre las mismas: busca dinero para las obras emblemáticas. López Obrador nunca entendió que el ahorro de cientos de miles de millones de pesos que se logró por el "combate a la corrupción" no se daría una vez al año, sino una sola vez, punto. Tampoco entendió por qué los fideicomisos que vaciaron no estaban llenos al año siguiente para vaciarse otra vez. Nunca lo entendió porque no entiende de finanzas y no tiene una relación con su secretario de Hacienda, quien le pudiera ayudar a entender.

El período de Herrera llegó a su fin cuando López Obrador anunció de manera prematura que saldría de la Secretaría para, eventualmente, irse al Banco de México. Esto empujó a Herrera aún más a la irrelevancia antes de enfrentar su humillación final, cuando AMLO nominó a alguien más a la gubernatura del banco central. Durante meses se especuló que Herrera sería el candidato de Morena a la gubernatura de Hidalgo, su estado natal, pero quienes conocen a López Obrador, saben que esa nunca fue una posibilidad real. (Herrera no respondió a dos peticiones de entrevista para este libro).

Eso nos trae a Rogelio Ramírez de la O, quien tomó las riendas de la SHCP en agosto de 2021. Doctor en economía, egresado de la Universidad de Cambridge, en Inglaterra, Ramírez de la O era respetado entre sus colegas por ser inteligente, pero nunca tuvo un perfil suficientemente alto para que alguien pudiera predecir que se convertiría en secretario de Hacienda. Su *claim to fame* era que fue el economista de la empresa de chocolates Mars en México en los años posteriores al tratado de libre comercio. Era una época en que la oferta por economistas mexicanos con posgrado de las mejores universidades del mundo que tuvieran un buen dominio del inglés era insuficiente, y Ramírez de la O destacaba.

En mis años como reportera de *Bloomberg*, yo buscaba entrevistar a Ramírez de la O tanto como fuera posible, porque tenía un tino particular para el tipo de cambio. Sus pronósticos eran acertados y ofrecía explicaciones técnicas atractivas a mis lectores. Mi impresión, en ese momento, era que no le gustaba hablar con la prensa, pero lo hacía como lo hacían todos los otros economistas que tienen consultoras independientes porque la promoción que da aparecer en los medios especializados es valiosa para atraer clientes.

La primera humillación de Ramírez de la O llegó un mes después de haberse convertido en secretario de Hacienda. En un foro organizado por la calificadora de riesgo crediticio Moody's, Ramírez de la O respondió preguntas blandas y generales sobre el futuro del país y de la administración. Leyó las respuestas sin salirse del guion. Dijo que la separación del poder económico del político era necesaria para México, que las decisiones de AMLO no habían sido percibidas correctamente y propuso "una nueva narrativa" para la Cuarta Transformación a partir de su llegada. Pero también habló sin saber.

La "agenda fuerte de reformas constitucionales ya está, en lo fundamental, satisfecha y [López Obrador] está también convencido de que el cambio de mentalidad, al interior y exterior del Gobierno, ya está bien digerido",[2] dijo el funcionario. A los pocos días, AMLO envió al Congreso su propuesta de reforma constitucional a la Ley de la Industria Eléctrica (LIE), una iniciativa tan radical que llevó a Estados Unidos a iniciar un proceso formal de disputa en contra de México, por ser violatoria al tratado de libre comercio renegociado unos años antes, el T-MEC. Años después de ser aprobada por el Congreso, la reforma a la LIE seguía estancada en tribunales colegiados con amparos de privados, impidiendo su implementación.

Ramírez de la O dejó de asistir a este tipo de foros, limitándose a actos de presencia, discursos cortos y sin contenido y una cantidad mínima de entrevistas con la prensa. El economista es alguien que entiende la importancia de mantener a los mercados internacionales en calma, para no disparar de manera abrupta las tasas de interés en los bonos soberanos y semisoberanos (como los de Pemex y la CFE). Es por eso que ofreció dos entrevistas a *Bloomberg*. La segunda sería la última, ya que le molestó que titularan con una cita en la que se confesó presionado por el costo de los megaproyectos de AMLO. Las únicas otras entrevistas que dio fueron en el marco de la Convención Bancaria, y en ninguna ofreció ningún tipo de información nueva o, en mi opinión, relevante.

---

[2] Isabella Cota, "El secretario de Hacienda de México propone a los mercados 'una nueva narrativa' para la segunda mitad del sexenio" (2 de septiembre de 2021), disponible en: https://elpais.com/mexico/2021-09-02/el-secretario-de-hacienda-de-mexico-propone-a-los-mercados-una-nueva-narrativa-para-la-segunda-mitad-del-sexenio.html

Su subsecretario, Gabriel Yorio, fue más protagonista y accesible a la prensa en la Secretaría. Fue quien representó a la Secretaría en eventos y hasta en viajes al extranjero. Yorio tampoco aportó de manera importante a la conversación.

¿Cuál es la función de un secretario de Hacienda? El diseño de las políticas públicas, la administración de los ingresos y el gasto, el estudio riguroso de la economía, de manera que se tomen las decisiones más efectivas y en beneficio de la ciudadanía, y la vocería de las finanzas públicas son algunas de las cosas que están en mi lista a Santa Claus. No soy de la opinión de que, en México, los secretarios de Hacienda con conocimiento técnico han sido todos muy buenos, y es claro que, al final, todos son políticos porque tienen que negociar con otros secretarios, legisladores, etcétera. Que ha habido fricciones entre ellos y presidentes, y hasta con el gobernador del Banco de México en turno, tampoco es ningún secreto. Pero lo que ocurrió con la Secretaría de Hacienda —y las demás secretarías— bajo el mandato de AMLO, va más allá de todo esto y de las fallas e imperfecciones de nuestro sistema político.

Bajo el mandato de AMLO, el secretario de Hacienda se dedicó a quitarle dinero a los rubros más necesitados, como educación, salud e infraestructura, para dárselos al Ejército, a las construcciones de los megaproyectos del presidente y los programas clientelares-sociales. No es descabellado pensar que Herrera y Ramírez de la O sabían lo equivocado y destructivo que fue esto. Si ambos tienden a la izquierda, como su afinidad a López Obrador sugeriría, entonces saben lo dañino y peligroso que es enriquecer a las Fuerzas Armadas y las empresas del Estado para quitarle recursos a las escuelas, hospitales, carreteras e investigación científica, entre otros rubros.

Para mí, una de las muestras más claras de servilismo y falta de carácter por parte de Ramírez de la O fue el anuncio de que el

Gobierno le compraría 13 plantas eléctricas a la empresa española de energías renovables Iberdrola para ponerlas bajo el control de la CFE. El video del anuncio es vergonzoso. Ramírez de la O explica que sacaron el dinero del fondo de infraestructura (Fonadin, creado para financiar puentes, carreteras y construcciones). Omitió información importante sobre la empresa privada que administraría el fideicomiso para ocultar el hecho de que ellos son los dueños reales de las plantas, y no el Gobierno ni la CFE. Aseguró que se darían detalles más adelante, y nunca lo hizo realmente.

Así como este Gobierno fue, en muchos sentidos, un no-Gobierno, Herrera y Ramírez de la O fueron no-funcionarios. Nunca tuvieron la voz o asumieron las responsabilidades de un secretario. Cuando mucho, tuvieron el poder de un subsecretario, con autoridad para ejecutar, pero no de decidir. En este Gobierno de *yes-men*, para efectos prácticos, no hubo secretario de Hacienda.

—Si usted quiere ser realmente un secretario de Hacienda de primer orden, usted tiene que involucrarse en la Secretaría de Educación Pública, tiene que involucrarse en la Secretaría de Salud Pública, entre otras. Usted tiene que decirle al presidente de la República "esto no es posible", y eso es lo que yo le dije a López Obrador —dijo Urzúa—. Salinas era alguien que no temía a la gente inteligente. Tanto fue así que tuvo a José Córdoba como jefe de la oficina, a Pedro Aspe como secretario de Hacienda, a Jaime Serra Puche como secretario de Comercio y Fomento Industrial, que hoy es la Secretaría de Economía. Y así le puedo mencionar a más. Salinas no le tenía miedo a nadie y eso es bien interesante.

—¿AMLO sí le tiene miedo a la gente inteligente? —le pregunté.

—Sí, porque él sabe que la gente inteligente que tenga un poquito de pantalones se le va a echar encima eventualmente, y eso no le gusta —respondió Urzúa.

Que Salinas no le tenga miedo a nadie es interesante, pero más interesante es que López Obrador tenga como archienemigo a alguien tan seguro de sí mismo que no le teme a nadie.

A un mes de iniciado el sexenio de López Obrador, muchos secretarios empezaron a buscar su salida del Gobierno, según cuentan fuentes con conocimiento. El desencanto no tenía tanto que ver con las decisiones sorpresivas de AMLO, sino el repentino cambio en el trato que les daba el presidente. Los rumores son que el presidente regularmente habla mal de sus funcionarios, incluso los humilla y confronta con otros durante las reuniones. El tono que utiliza, dicen, es grosero, déspota e irrespetuoso. Algunos funcionarios, como la primera secretaria de Economía, Graciela Márquez, y el primer secretario de Comunicaciones y Transportes, Javier Jiménez Espriú, lograron salir sin mayor represalia por parte de AMLO, pero fueron la excepción a la regla. Conforme pasaron los primeros meses del sexenio, la conferencia de prensa diaria, conocida como "la mañanera", se consolidó como una de las armas más poderosas de López Obrador y los funcionarios temían cada vez más ser el blanco de ataques si levantaban la voz o anunciaban su salida del Gobierno.

Es tentador pensar que Herrera y Ramírez de la O permanecieron en su puesto como secretarios de Hacienda porque temían ser reemplazados por alguien que no tuviera un concepto mínimo de las finanzas y el resultado fuera peor. Quizás hay algo de esto y seguro es una decisión multifactorial. En mi opinión, es más probable que se hayan quedado en sus puestos por miedo. Herrera y Ramírez de la O se diferencian en que Herrera mostraba mayor confianza y una piel más gruesa. Si el presidente lo contradijo más que a ningún otro funcionario, fue porque Herrera se atrevía a hablar. Poco a poco, pasamos de un secretario con la suficiente confianza como para decirle al presidente que se equivocaba, a uno que no se lo decía directamente, pero sí entre líneas, a uno que simplemente no decía nada. Este parece ser el único tipo de funcionario con posibilidades de aguantar la Cuarta Transformación. El presidente quiere ser el único con poder, pero una persona no hace un Gobierno.

Tanto Ramírez de la O como Raquel Buenrostro han agachado la cabeza cuando se trata de las costosísimas disputas comerciales con Estados Unidos y Canadá. Los socios comerciales del T-MEC abrieron dos frentes, acusando a México de violar el acuerdo en materia energética y de biotecnología. La reforma a la LIE, así como las órdenes que López Obrador dio a los órganos regulatorios supuestamente autónomos para bloquear los permisos y licencias que las empresas privadas de energía necesitan para operar, pudieran costarle al país miles de millones de dólares en multas y pérdidas económicas. Por una parte, el proceso de consultas del T-MEC les abrió el paso a las multinacionales para demandar al Estado mexicano. Para finales de julio, sumaban 17 arbitrajes internacionales en trámite iniciados por empresas extranjeras con inversiones en México.[3] Algunas de ellas reclaman daños de cientos de millones de dólares.

La segunda disputa vino cuando López Obrador emitió un decreto prohibiendo la importación de maíz transgénico. México compra 3 000 millones de dólares de este tipo de cultivo a Estados Unidos cada año, por lo que las afectaciones a los agricultores estadounidenses son fuertes. En ambos procesos, se espera que

---

[3] Víctor Fuentes, "Reclaman 258 mdd por violación a T-MEC" (22 julio 2023), disponible en: https://www.reforma.com/reclaman-258-mddpor-violacion-a-t-mec/ar2644742?utm_source=bcm_nl_noticias_reforma&utm_medium=email&utm_campaign=nl_noticias_reforma_20230722&utm_term=usr_suscriptor

Estados Unidos lleve la disputa a un panel de controversias independiente que, de fallar en contra de México, le otorgaría a Estados Unidos la facultad de imponer aranceles en los sectores más sensibles al comercio exterior. Las pérdidas para los sectores de agricultura o hasta el aeroespacial, pudieran sumar miles de millones de dólares.

Pero no hay que esperar a un panel para sentir el impacto de las consultas del T-MEC. Si México quiere atraer el capital por *nearshoring* que necesita para elevar sus ingresos y su desarrollo, necesita ofrecer certeza jurídica. Las consultas del T-MEC se miden también en los millones perdidos en inversión extranjera directa, y ninguno de los secretarios a cargo, ni Buenrostro ni Ramírez de la O, han desafiado al presidente López Obrador en este tema. México estará padeciendo las consecuencias durante años después de que AMLO salga de Palacio Nacional.

Hacienda también falló en su trato con Pemex. De acuerdo con estimados de la firma de análisis inglesa Capital Economics, las aportaciones de capital que Hacienda hizo a la endeudada petrolera, así como la reducción de sus impuestos, suman el equivalente a 1% del PIB anual. Tomando en cuenta los enormes vencimientos de deuda que tendrá Pemex en los años posteriores al mandato de AMLO, las aportaciones subirán a 1.5%, estimó la firma. "Alguien tiene que ceder", me dijo Jason Tuvey, de la firma inglesa, "por lo que un impago de la deuda está sobre la mesa".

Ramírez de la O dejará un déficit envidiable para países pares, con una deuda equivalente a poco más de 50% del PIB. Pero esto se logró quitándole al país los recursos que necesita no solo para una buena calidad de vida, sino una democracia que funcione. "Cuando llegue el 2024, vamos a tener una crisis de la viabilidad del Estado mismo", dice Sofía Ramírez, de MCV. "Si no tienes recursos para financiar las funciones más básicas del Estado como seguridad pública, promoción de la actividad económica o para regular los mercados para que no haya extracción de rentas, estás renunciando a la labor del Estado", opina Ramírez.

Lo primero que tendrá que hacer el próximo Gobierno, será reconfigurar las capacidades institucionales, y para esto, será necesario pasar una reforma fiscal. Será necesario tener una Secretaría de Hacienda con suficiente valentía para ponerle límites a Pemex, que le exija métricas de desempeño y de reducción de su plantilla a cambio de cualquier otra aportación. Que le presente al próximo presidente o presidenta un estimado a largo plazo de los costos y las pérdidas que representan las consultas del T-MEC.

"Va a necesitar una reforma fiscal, porque ¿de dónde va a pagar transferencias a los adultos mayores? Ni aunque exprimas las piedras, no va a haber… espero que pase algo como un despertar democrático, porque parte del problema de que no haya Estado es que se va renunciando a la vida en comunidad y a no tomar justicia por mano propia, y a todas estas cosas que damos por sentado en las democracias del siglo XXI", dijo Ramírez.

"Muy probablemente, a la siguiente administración no le alcance para reconstruir el deterioro", consideró la economista, "y si [López Obrador] no se preocupa por los valores democráticos, seremos nosotros los que, como sociedad, tenemos que decidir si queremos perder lo ganado. Los valores democráticos no son algo conceptual y romántico, son una cosa muy práctica. Son acuerdos sobre cómo nos ponemos de acuerdo para todo, para no matarnos, para no discriminar, para incluir a más mujeres, para que los niños vayan a la escuela. Yo creo que, en la traducción de esas cosas prácticas, vamos a poder identificar qué tan democráticos somos o no".

Un nuevo modelo económico: "El capitalismo es entre amigos"

"MIRE A AMÉRICA LATINA", LES DIJO SEBASTIÁN PIÑERA, ENTONCES presidente de Chile, a dos periodistas del *Financial Times* en el Palacio Presidencial en Santiago, "Argentina y Paraguay están en recesión; México y Brasil, estancados; Perú y Ecuador, en profunda crisis política. En este contexto, Chile parece un oasis...".[1]

Seis días después de que se publicara esta entrevista, en octubre de 2019, más de un millón de chilenos salieron a las calles en una protesta histórica que evolucionaría hasta convertirse en uno de los estallidos sociales más importantes en la historia de Latinoamérica. Lo que empezó con el rechazo a un alza al precio del transporte público, se convirtió en una revolución que exigió que se reescriba la Constitución, reliquia de la brutal dictadura que terminó en 1990. Las protestas duraron, de manera intermitente, hasta marzo de 2020. Según estimados oficiales, 3.7 millones de personas asistieron a las manifestaciones —en un país de 19.5 millones de habitantes—. Murieron, por lo menos, 37 personas, y más de 400 sufrieron mutilaciones en el rostro y en los ojos

---

[1] "Chile president Sebastián Piñera: 'We are ready to do everything to not fall into populism'" (17 de octubre de 2019), disponible en: https://www.ft.com/content/980ec442-ee91-11e9-ad1e-4367d8281195

por la fuerte represión que enfrentaron de los Carabineros. Muchos perdieron la vista. Las palabras de Piñera pasarán a la historia como ejemplo de cuán desconectada está la clase política de la realidad de sus países.

Sacudidas hasta la médula, las élites no comprendían a qué se debía todo esto. En un audio a una amiga, filtrado en redes sociales, la horrorizada primera dama compara las protestas con "una invasión alienígena". Como si los chilenos que no viven en riqueza, como ella, la esposa del presidente y uno de los empresarios más pudientes del país, no fueran chilenos o no fueran humanos. Como si los pobres fueran "otros", entes de otro planeta. La economía de Chile era un ejemplo en toda la región, con tasas inferiores en pobreza, servicios de salud de calidad y una macroeconomía fuerte. ¿De qué se quejan tantos?, cuestionaban los más ricos. "Mantengamos nosotros la calma, llamemos a la gente de buena voluntad, aprovechen de racionar la comida", dijo la primera dama, "y vamos a tener que disminuir nuestros privilegios y compartir con los demás".

En la plena conciencia de los privilegios de esta primera dama está la clave para entender este momento en la historia, no solo de Latinoamérica, sino del mundo. Simon Kuznets pudo haber comprobado, en 1955, que el crecimiento económico llevaba, a largo plazo, a una menor desigualdad de ingresos, pero el caso de Chile y de muchas otras economías sugieren lo contrario. El ingreso nacional promedio anual en Chile es de 14 millones de pesos chilenos —unos 17 000 dólares—, según datos incluidos en un reporte a parlamentarios en 2022.[2] El 50% más pobre, sin embargo, gana

[2] Magdalena Cardemil, "Desigualdad económica, una amenaza para el desarrollo sostenible" (20 de enero de 2022), disponible en: https://obtienearchivo.bcn.cl/obtienearchivo?id=repositorio/10221/32884/1/N_03_22_Desigualdad_economica_una_amenaza_para_el_desarrollo_sostenible.pdf

en promedio 2 866 570 pesos chilenos al año, mientras que el 10% más rico gana casi 30 veces más. Este es un caso en que el cálculo del promedio es un tanto inútil, porque no refleja la realidad: el 50% más pobre en Chile gana solo 10% del total de ingresos del país, mientras que la participación del 10% superior es casi de 60%. Junto con Brasil, Chile es uno de los países más desiguales de América Latina.

La autora del reporte parlamentario, la investigadora Magdalena Cardemil, hace una tremenda precisión: "La riqueza está significativamente más concentrada que el ingreso. Los altos niveles de endeudamiento y/o la baja tenencia de activos afectan la capacidad de la clase media baja para emprender inversiones en capital humano y otros, perjudicando así nuevamente el potencial crecimiento económico". La revuelta social en Chile dejó varias estaciones de metro quemadas, vandalismo y comercios saqueados y, de manera más importante, abrió la puerta a una nueva izquierda, la más socialista del Chile moderno. La desigualdad económica ya no es solo un problema por abordar, sino que representa una "amenaza al desarrollo sostenible", dice el reporte de Cardemil a los legisladores.

El caso chileno se ha convertido en símbolo, pero no es el único en Latinoamérica. 2019 fue un año de protestas en prácticamente todo el continente, incluyendo Venezuela, Nicaragua, Ecuador y Bolivia. En México, las mujeres rompieron el récord de participación en las marchas feministas en 2019 y de nuevo en 2020, año en el cual se organizaron para hacer huelga por primera vez en la historia —que no nos sorprenda que López Obrador haya elegido a una mujer entre varios candidatos a sucederlo—. En Brasil, los ciudadanos también salieron a protestar, y el presidente Jair Bolsonaro temía tanto que escalaran a los niveles vistos en Chile, que echó para atrás un ambicioso plan por implementar reformas.[3] La pandemia sirvió como un tapón por un rato, pero para el verano de 2021, los colombianos ya estaban bloqueando vías y parando ciudades para protestar por una reforma fiscal —que también echaron para atrás—. Y Perú, considerada otra estrella del neoliberalismo por su éxito disminuyendo la pobreza, ha estado en crisis políticas y protestas sociales, de manera intermitente, desde 2021.

La frustración con la democracia se observa en prácticamente todos los continentes del mundo y tiene que ver con la promesa incumplida de que abrir los mercados al comercio internacional, trabajar muy duro y votar por un partido político sería suficiente para que la siguiente generación tuviera mejores oportunidades económicas y mayor seguridad. Si bien hay un componente de mal comportamiento por parte de las empresas dueñas de las redes sociales, que han estimulado la manipulación, desinformación y polarización a cambio de rentas, los gobernantes fallaron en contener las desigualdades que se exacerbaron a partir de los noventa. Callaron a las voces que advirtieron sobre la concentración del capital y la disparidad de riqueza que se generaría, y ahora estamos pagando el precio.

En Latinoamérica, así como en otros países en desarrollo, hay un componente adicional que tiene que ver con exigencias económicas particulares de las sociedades en las que hubo una disminución de la pobreza. Muchos latinoamericanos *baby boomers* —aquellos que nacieron entre 1945 y 1964— pudieron salir de la pobreza o alcanzar la clase media. La promesa de sus gobernantes fue que sus hijos podrían graduarse de la universidad y tener

---

[3] Naiara Galarraga Gortázar y Afonso Benites, "Bolsonaro frena sus reformas económicas por miedo al contagio de las protestas" (26 de noviembre de 2019), disponible en: https://elpais.com/internacional/2019/11/26/actualidad/1574782195_573495.html

mejores oportunidades laborales que ellos. Pero los gobernantes no invirtieron cómo debieron en los tiempos buenos y, cuando los vientos cambiaron en la economía global, Latinoamérica se estancó. Esta nueva generación de jóvenes tiene un nivel educativo más alto que sus padres, pero no necesariamente mejores oportunidades de trabajo o desarrollo profesional.

Es así como llegamos al presente, un momento en el que la promesa económica del neoliberalismo y la globalización expiró. Además, hay un componente medioambiental que ha sorprendido a los políticos. Los efectos del cambio climático ya no son una cosa del futuro, ya están aquí y los jóvenes están muy molestos porque el mundo no les ofrece maneras de tener un empleo y generar un patrimonio sin extraer los recursos naturales o contaminar más al planeta. Fuera de las élites, ya nadie cree en promesas denominadas en PIB y empleo formal porque, ¿de qué sirve eso si las escuelas públicas se caen a pedazos y transportarse a su lugar de trabajo es precario e inseguro? ¿Dónde están los frutos de tanto trabajo?

En las cuentas bancarias y casas de lujo de unos pocos. O, por lo menos, esa es la percepción de muchos latinoamericanos. Durante y después del periodo de desarrollo visto entre 2000 y 2014, explotaron casos de corrupción que desprestigiaron a los partidos políticos y empresarios. El mejor ejemplo es el de la constructora brasileña Odebrecht, la cual llevó a cabo el esquema de corrupción de un corporativo más grande en la historia. Durante 30 años, la empresa pagó sobornos a funcionarios por toda América Latina, incluyendo a presidentes, a cambio de jugosos contratos. En Perú, hay tantos expresidentes encarcelados, casi todos por el caso Odebrecht, que ya no caben en la prisión designada solo para ellos.

Con este clima, por supuesto que llegarán mesías populistas a prometer lo imposible, asegura Alejandro Abarca, estudiante de doctorado en Economía Aplicada en Oregon State University.

Abarca trabajó durante tres años en la Dirección de Asignaciones Familiares del Gobierno de Costa Rica, ha sido profesor en la Universidad de Costa Rica y consultor para el Banco Interamericano de Desarrollo. Nos conectamos a una videollamada de una hora que se sintió como una noche de cervezas en un bar.

"Tenés un montón de gente que está harta del sistema, porque tenés gente que el sistema no funciona para ellos", me dijo el costarricense. Agradezco tener a Alejandro como amigo porque, en mi opinión, es uno entre pocos economistas, que no se han casado ciegamente con una ideología, además de tener un lente siempre crítico y bien informado. "Sos pobre, y además de eso, tenés candidatos presidenciales que te vienen contando la misma historia de siempre, que tenemos que estar juntos y que los valores democráticos… y viene otro mae que te dice 'no más. Hay que cambiar todo. Toda esa gente son un montón de idiotas. Yo soy el mae que viene a resolver esto y yo sé cómo hacer. No hay que ser un suave, hay que ser duro, hay que hacer esto bien, y no hay que respetar lo que dice la otra gente'". "Mae" es la palabra que los ticos usan como los mexicanos usamos "güey". Por supuesto que los desilusionados y los que viven en pobreza van a votar por el candidato populista.

El modelo neoliberal de derecha, como lo conocemos hasta hoy, depende de un crecimiento infinito y un consumo voraz. Está comprobado que funciona muy bien para generar riqueza, pero no para distribuirla de manera que todos tengan lo suficiente para una vida digna y saludable. A quienes les molesta el debate de la distribución de la riqueza, les digo: nadie está pidiendo que los recursos se repartan *en partes iguales*. Que ahora tengamos niveles más bajos de hambre que antes, no cancela el hecho de que hay millones que no tienen una casa o el acceso básico al agua o a las medicinas que necesitan para vivir, a pesar de que tienen un trabajo esencial para la economía. Es un tema de justicia y de dignidad. Los logros del pasado no indican que el capitalismo, como lo ejercemos hoy día, está funcionando.

Mucho menos funciona para contener el cambio climático, un fenómeno que ha pasado de ser una teoría a ser una realidad. Pueblos costeros que desaparecen, sequías que encarecen los alimentos e infraestructura congelada por cambios extremos de temperatura están desplazando a gente no solo en países pobres, sino en un país tan rico como Estados Unidos. Cuando los incendios forestales envenenan el aire de ciudades como Toronto y Nueva York, y pintan sus cielos de rojo, es inevitable recordar las palabras de la activista Greta Thunberg a los legisladores de la Unión Europea cuando les pidió que "entren en pánico como si su casa estuviera en llamas, porque lo está".

Cuando los gobernantes que no pertenecen al grupo de negacionistas del cambio climático se reúnen en cumbres o conferencias, parecen siempre llegar a las mismas conclusiones: tenemos que alejarnos de combustibles fósiles, tenemos que implementar prácticas sustentables, ya no podemos extraer más, tenemos que preservar más, apostar más a las economías de servicios y menos a las que requieren de labores intensivas y precarias. "Están vendiendo un futuro", dijo Abarca, "lo que están diciendo es 'no es solo un tema que ya no estamos haciendo petróleo, ya nos estamos moviendo hacia adelante'. Ese es el discurso que traen los demócratas acá en Estados Unidos, por ejemplo. 'No hagamos más cobre, hagamos energía eólica y solar'… ya todo el mundo sabe que hay que irse al lado de la sostenibilidad".

Es por eso que la mayor cantidad de trabajos bien pagados en economías ricas se dan en sectores que tienen que ver con sostenibilidad. Los ingenieros y quienes cuentan con un nivel educativo suficiente para incorporarse en el sector de servicios tienen buenas oportunidades. Mientras tanto, la automatización y la inteligencia artificial amenazan con excluir a poblaciones muy grandes. Para países latinoamericanos como México, esto pudiera ser muy duro. "Te están vendiendo un futuro, pero realmente te están avisando 'los mercados van hacia acá, vos entrás o quedás fuera'", dijo Abarca. En mi análisis, la mayoría de los países en América Latina no están preparados y pudieran quedar fuera del futuro.

En esta parte del mundo existen dos países que pudieran salir mejor librados y, de manera importante, ambas son economías de mercado que han tenido Gobiernos de centroizquierda en las últimas décadas. Costa Rica es uno de los países con una huella de carbono menor, por su matriz de energía cercana a 100% de fuentes renovables. Junto con Uruguay, este pequeño país centroamericano se coloca por encima de la mayoría de sus pares latinoamericanos en nivel educativo, lo que explica —parcialmente, por lo menos— por qué tiene un ingreso per cápita más alto que países de tamaño similar. Por su parte, Uruguay tiene la clase media más grande entre todos los países latinoamericanos, con 60% de su población[4]. Ambos han implementado barandillas proteccionistas en sus sectores claves. En Uruguay, esto se ha traducido a una menor oferta de productos importados, mientras que, en Costa Rica, la presencia de las empresas paraestatales ha generado ineficiencias. Sus sistemas de salud ofrecen una opción privada, pero la calidad de la opción pública es tal que eleva los estándares del sector. Quizás es el precio a pagar por no padecer de la precariedad que se vive en el resto de la región, ya que le permite a los Gobiernos tejer una red de asistencia en donde los ciudadanos pueden caer si se encuentran sin ingresos.

---

[4] Banco Mundial, "Uruguay: panorama general" (3 de octubre de 2022), disponible en: https://www.bancomundial.org/es/country/uruguay/overview

Los Gobiernos que se autodenominan de izquierda en la región, han dejado economías que van desde el desastre histórico, como el caso de Venezuela, hasta la crisis económica-financiera perpetua, como la que vive Argentina —es importante decir que, gracias a las garantías y programas sociales en Argentina, tercera economía más grande de la región, la pobreza se vive con menos precariedad y riesgo que en países como Colombia o México—. A pesar de que las dictaduras militares de derecha siguen vivas en nuestra memoria, me parece que, hoy por hoy, los latinoamericanos le tememos más a la izquierda que a la derecha.

Cuando hablo con ciudadanos, personas de a pie, lo que yo escucho es que no les importa si la solución viene de la derecha o de la izquierda, pero quieren un nuevo modelo. La gente quiere que los ricos paguen más impuestos y que dejen de financiar legisladores para escribir las leyes. Quieren reducir la contaminación y preservar la riqueza natural. Quieren que los gobernantes inviertan los impuestos en *ellos*, en educación y servicios de salud de alta calidad, y eso no pertenece exclusivamente a ningún campo político. Es por eso que estamos viendo candidatos políticos que, a pesar de que pertenecen a partidos, se promueven como forasteros, excluidos del sistema igual que sus seguidores. Es el caso de Trump, de AMLO, de Gustavo Petro, en Colombia ,y de Bolsonaro, en Brasil, entre otros. Si la economía es de mercado o no, ya es irrelevante, dijo Abarca, esto se trata de la corrupción en su definición más amplia, que incluye el abuso de poder en beneficio personal del funcionario de Gobierno.

"A mí me gusta reflexionar en tipos de capitalismo", dijo el economista. "El capitalismo de mercado es donde vos dejás que los precios y las cantidades se determinen internamente a partir de la interacción de seres humanos, sí, pero lo que están viviendo muchos países, incluyendo México, desde hace por lo menos 20 años, no es eso, sino *crony capitalism*, el capitalismo entre amigos. Tenés monopolios ahí, como el de [Carlos] Slim, por ejemplo. ¿Cómo es eso que le regalaron todas las telecomunicaciones de México? Era la persona más rica del mundo en algún momento sencillamente porque le cerraron un mercado, porque se lo regalaron. El caso de Pemex, que es estatal, es lo mismo. Tenés un montón de creación de rentas entre políticos que están utilizando Pemex para otro montón de cosas". El caso Slim es interesante, dicho sea de paso, porque en 2013 se pasó una reforma diseñada para obligar a su empresa de telefonía celular, América Móvil, a competir en el mercado y ceder su posición como jugador "preponderante", palabra más amable que "monopólico". A 10 años de la reforma, Slim sigue siendo el rey de las telecomunicaciones en México y, según estimados de la periodista Bárbara Anderson, sus tarifas en México son el doble de lo que cobra en el resto de la región.[5]

"Es similar a lo que está ocurriendo en Estados Unidos, en donde el capitalismo es entre amigos. Ya nadie puede competir contra Amazon, por ejemplo. La gente usa Google y ya ni piensa si hay alguna alternativa. Es todo muy subrepticio. ¿Tenés realmente competencia en el mercado? Yo no lo creo", dijo Abarca. El sistema de salud en Estados Unidos es mi ejemplo preferido cuando quiero ilustrar cómo una economía de mercado también puede ser catastrófica. Un sistema que ofrece un medicamento para la artritis por 108 000 dólares al año,[6] porque las

---

[5] Bárbara Anderson, "El costo Slim" (16 de junio de 2023), disponible en: https://www.opinion51.com/barbara-anderson-el-costo-slim/

[6] Anna Wells, "The Top 10 Most Expensive Popular Brand-Name Drugs in the U.S. (and How to Save)" (14 de julio de 2021), disponible en: https://www.goodrx.com/healthcare-access/drug-cost-and-savings/top-10-most-expensive-popular-brand-name-drugs-us-how-to-save

farmacéuticas pueden subir el precio 138% en siete años, no es un sistema que funcione. Las deudas por servicios de salud son la causa número uno de bancarrotas en ese país.[7] Un cáncer o un accidente automovilístico te arruina la vida, literalmente. Muchos en ese país se están jubilando a los 68 años con un par de millones en su cuenta bancaria, pero terminan a los 80 años con cuentas semivacías debido a sus gastos médicos. Es un problema multifactorial, pero no existiría sin la colusión entre las grandes farmacéuticas y hospitales, y si hubiera una opción pública. Hay libre mercado, pero la regulación no se cumple. En concreto: ni en México ni en Estados Unidos tenemos competencia plena. Lo que sí tenemos es corrupción.

Cuando cayó el muro de Berlín y el mundo se dividió entre capitalistas y no capitalistas, nos ofrecieron una lógica que ata al capitalismo, la democracia y la competencia, en un solo paquete. El capitalismo de mercado y la democracia van de la mano, ofrecieron los gobernantes. Sin una, no hay la otra, aseguraron. La competencia es la razón de ser del capitalismo de mercado, es su esencia. Cuando el capitalismo deja de fomentar la competencia para permitir que se concentre injustamente la riqueza, la lógica lleva a las personas a que dejen de creer en la democracia.

Supongamos que ya no queremos el capitalismo como está, pero sí queremos democracia y protección del planeta, ¿eso cómo se ve? Desde la Casa Blanca, los demócratas en Estados Unidos, como dice Abarca, aseguran tener la respuesta: proponen que las cosas se queden igual, solo que sean menos contaminantes. Los países que pertenecen a la Unión Europea parecen estar en

---

[7] Ed Woods, "Health Care Costs Number One Cause of Bankruptcy for American Families", disponible en: https://www.abi.org/feed-item/health-care-costs-number-one-cause-of-bankruptcy-for-american-families

una frecuencia similar. En ambos casos, sus empresas salen a países en desarrollo en donde la regulación es más laxa, ganan mucho dinero y lo llevan a sus países de origen, llenando las arcas de sus Gobiernos. Pareciera que este futuro que nos quieren vender se promueve en todo el mundo, pero solo se materializará en los países más ricos.

"Enfrentar los desafíos de hoy requiere creatividad y nuevas ideas", escribió en una publicación en redes sociales Mercedes d'Alessandro, economista, primera directora nacional de Economía, Igualdad y Género de Argentina y autora de *Economista Feminista*, "pero la teoría económica dominante está estancada en el pasado. Los últimos años, el feminismo ha sido el movimiento social más transformador en América Latina".

Si pensamos que en México las protestas sociales más fuertes durante el sexenio de AMLO han sido las de las mujeres —yo considero, incluso, que han sido la única fuerza que se acerca a una verdadera oposición—, vale la pena tomar en cuenta lo que el feminismo propone para la economía: mayor inversión en el sistema de cuidados y de educación —guarderías, estancias infantiles, hospitales, centros para la tercera edad y escuelas— y transferencias directas a las madres (o padres, en el caso de familias monoparentales). También propone una mayor presencia de ambientalistas en los Gobiernos, de manera que se busquen alternativas a las actividades económicas extractivas y contaminantes.

Por último, pide no caer en la trampa de la austeridad, en el pánico que lleva a subir las tasas de interés y recortar el presupuesto del Gobierno. "Frente a la recesión que se avecina y a otra ronda de políticas regresivas e injustas que solo exacerbarán las desigualdades existentes, debemos alzar la voz y exigir una ruptura con la tradición", escribió d'Alessandro en el medio especializado *Project Syndicate*, en marzo de 2023. "Hay que invertir la antigua (y fallida) fórmula del 'crecimiento para la redistribución': tenemos que redistribuir para crecer".

En julio de 2023, llegué por primera vez al AIFA, en el Estado de México. Sus pisos relucientes y la impecable limpieza revelan lo nuevo que es, así como lo poco que se utiliza. Es muy probablemente el aeropuerto más cómodo por el que he viajado, porque está prácticamente vacío. Sus detalles me sorprendieron, con azulejos que asemejan códices prehispánicos en los baños y cápsulas informativas sobre la época de oro del cine mexicano accesibles, a veces me sentía en un museo.

Desafortunadamente, nada de esto garantiza que fue una buena inversión. Salí de mi casa en un lunes antes del mediodía y tardé casi una hora en llegar en taxi. Quienes viajan en coche a hora pico, fácilmente pueden tardar el doble. El aeropuerto es muy pequeño, por lo que pudiera aliviar algo de la saturación de pasajeros que padece el AICM, pero no de manera sustancial. Lo que es más importante es que no traerá la actividad económica o la derrama que hubiera traído el megaproyecto que la administración anterior había comenzado en Texcoco. La idea del Nuevo Aeropuerto Internacional de la Ciudad de México no era solamente servir a quienes visitan México, sino convertirse en una opción de trasbordo atractiva.

Quizás, si se materializa la ampliación del Tren Suburbano al AIFA, el aeropuerto despegará. Quizás el tren no haga la diferencia. Independientemente, el AIFA quedará como un recordatorio de la limitada visión de país de la Cuarta Transformación. Del engaño del presidente. De su rechazo a cualquier consejo experto o análisis técnico. Pasará a la historia como el monumento a la promesa económica incumplida y del fracaso de su administración.

"México me parece un caso muy interesante", me dijo Abarca, "yo nunca entendí como un político de izquierda nunca había ganado en México. ¿Por qué siempre tener gente centrista del PAN o el PRI, como Vicente Fox o Felipe Calderón? ¿Cómo nunca ganó un socialista, teniendo niveles de más de 50% de pobreza? Es altísima. Tenés comunidades muy marginadas. Tuvieron al subcomandante Marcos en los noventa, liderando todo un movimiento de izquierda. Quizás fue que las élites no lo permitieron. Yo siento que llegó un punto en que los mexicanos ya estaban exhaustos. En el que los políticos ya no podían vender más humo. A México le llegó ese momento y AMLO está montado en esa carreta".

Cuando Peña Nieto logró pasar su reforma fiscal en 2013, el descontento económico se mezcló con la indignación de la desaparición de los 43 estudiantes de Guerrero, generando las manifestaciones sociales más grandes, intensas y persistentes durante mucho tiempo. La popularidad del presidente tocó fondos no vistos en 25 años. En este contexto, AMLO lanzó su tercera campaña presidencial y, aunque se absorbió por los bancos en Wall Street como una versión más ligera de sus campañas anteriores, el electorado la leyó como una sacudida brutal y necesaria al sistema, no solo político, sino económico. Dicho de otro modo, AMLO prometió cumplir ese deseo de implementar un nuevo modelo económico más justo y sostenible. Ese deseo que no es exclusivo de los mexicanos, sino que ha despertado en gran parte del mundo.

El problema es que no lo cumplió y ese deseo no ha sido satisfecho. Eso muy probablemente tendrá sus consecuencias.

—Al principio de nuestra conversación, hablaste de esta separación del poder económico y el poder político, que sonaba maravilloso —le dije a Ricardo Fuentes-Nieva, exdirector de Oxfam

México—. Yo creo que nadie en México diría que eso sería malo. Al final, bajo esta administración, esto no se materializó. ¿Tú crees que es, siquiera, posible? ¿En cualquier país? En el contexto internacional, en los países más poderosos del mundo, esto no es una realidad irrefutable. Yo más bien lo que veo es que el poder político y el poder económico cada vez convergen más.

—Es una gran pregunta y me encantaría tener una respuesta, pero no la tengo —respondió—. Es cierto que este efecto de los grandes capitales en las decisiones políticas es una megatendencia en el mundo. Sin embargo, en México no son los grandes capitales internacionales los que tienen influencia sobre el Gobierno de López Obrador. Son los grandes millonarios mexicanos. Estoy hablando de Ricardo Salinas Pliego, de Carlos Slim. De hecho, López Obrador se ha peleado más con las transnacionales de energía que con multimillonarios mexicanos. Esta administración tenía una oportunidad de separarse del poder económico mexicano y decidió no hacerlo. ¿Por qué? Porque es una administración muy calculadora políticamente, le conviene tener cerca tanto a Slim como a Salinas Pliego, independientemente de lo que le cueste a la sociedad mexicana".

Lo que le cuesta a la sociedad mexicana es más desigualdad. Ya vimos cómo los programas sociales-clientelares del Gobierno de López Obrador dejó a los más pobres más pobres. Al mismo tiempo, la reconfiguración de la economía mundial, forzada por la pandemia y la inacción de la Cuarta Transformación en México, hicieron que los más ricos se hicieran aún más ricos. De acuerdo con el reporte de Oxfam sobre el estado de la riqueza, publicado en enero de 2023, las fortunas de los súper ricos en el país aumentaron, en promedio, 33%. De cada 100 pesos de riqueza generada entre el inicio de la pandemia y noviembre de 2022, 21 pesos se fueron a 1% de la población con mayor riqueza, y solo

40 centavos se repartieron entre el 50% más pobre.[8] López Obrador permitió que se concentrara aún más la riqueza en el país. No hizo nada para detenerlo.

AMLO puede acudir a su podio presidencial matutino para simular un enfrentamiento con los ricos, llamándolos "fifís", manipulando a sus seguidores para que se sientan defendidos y cuidados por él. Podrá estar hecho de teflón y podrá salir de la presidencia con porcentajes récord de aceptación. Pero su sexenio llegará a su fin y es muy poco probable que el próximo mandatario o la próxima mandataria pueda sostener ese nivel de retórica, abriendo paso a que la realidad económica se imponga duramente.

Desde la sangrienta represión de 1968, las protestas sociales en México se han mantenido dentro de ciertos límites. Es impensable, por ejemplo y por ahora, que en nuestro país ocurra lo que ocurrió en Chile. Esto nos deja la vía electoral, la cual pudiera elevar a candidatos cada vez más extremos. Lo estamos viendo ya con la ultraderecha, que ofrece un mejor manejo de la economía si se le permite revertir los avances en materia de derechos de las mujeres y de minorías, como grupos indígenas y personas LGB-TIQ —como Bolsonaro, en Brasil; José Antonio Kast, en Chile; y el partido Republicano, en Estados Unidos—. Liderazgos como el de Nayib Bukele, en El Salvador, un candidato que, durante su campaña, nunca dijo exactamente si se suscribía a la derecha o la izquierda y, cuando tomó el poder, transformó al Estado en uno policial, sin derechos ni libertades ni garantías.

---

[8] Jonathán Torres, "#Entrelíneas | Los 'súper ricos' de México, ahora, son más ricos" (23 de enero de 2023), disponible en: https://expansion.mx/opinion/2023/01/23/entrelineas-super-ricos-mexico-ahora-mas-ricos

Los mexicanos valoramos las libertades, quizás más de lo que pensamos. MCV hizo una encuesta un año después de los confinamientos por la covid-19 y su hallazgo más importante fue que las personas en México no están dispuestas a ceder en libertad de expresión o de tránsito, a ningún precio, explicó Sofía Ramírez. La libertad, encontraron los encuestadores, genera optimismo entre los mexicanos.

Por una parte, seis de cada diez encuestados consideran que el capitalismo solo beneficia a una minoría privilegiada, y más de la mitad no cree que el modelo económico actual dejará un mejor país para las generaciones que vienen. Los jóvenes entre 18 y 29 años son los más escépticos sobre la democracia. El 60% de todos los encuestados respondió que está dispuesto a vivir en un contexto más autoritario a cambio de mayor seguridad pública.

"Pero también, uno de los hallazgos que a mí me explota en la cabeza es que, cuando les preguntas si están dispuestos a tener menor libertad de expresión o menor libertad de tránsito a cambio de más seguridad pública o de mejores programas sociales, la gente te dice que no", dijo Ramírez. AMLO podrá compartir con Putin y Maduro la irresponsabilidad y el desinterés en mejorar la situación económica de su gente, pero México no ha llegado a un punto de transición antidemocrática como en Venezuela o en Rusia. "Cuando llegas a ese punto de darte cuenta de que lo que perdiste es tu libertad, ya es demasiado tarde", dijo Ramírez.

Las mujeres, dicho sea de paso, son más críticas al evaluar los problemas económicos en México, según arrojó la encuesta. Califican a la economía del país y de su entidad 10% peor que los hombres. Ya que ejercen más frecuentemente el gasto del hogar, tienen mayor capital social y más fuentes de información económica. "Son, también, las más dispuestas a sacrificar libertades o reorientar el dinero destinado a proyectos de Gobierno con tal de resolver problemas sistémicos como la pobreza", dice el reporte de los resultados de MCV.[9]

Lo que es más preocupante en este contexto es que el Estado de derecho, que nunca ha funcionado plenamente en México, está funcionando cada vez menos, dijo Fuentes-Nieva. "Las economías no funcionan en vacíos. Necesitan estructuras, leyes y la aplicación de estas leyes. Y lo que estamos viendo en México es que el Estado de Derecho, junto con el aparato del Estado, se está debilitando". Esto es más preocupante que los malos resultados e indicadores, argumentó Fuentes-Nieva, "porque va a llevar décadas reconstruir, es que el Estado de Derecho es fundamental para una economía funcional y para una economía redistributiva, una economía justa, que pueda innovar y transformarse en una economía sostenible".

El cambio económico deseado no lo trajo Andrés Manuel López Obrador. Este deseo sigue aquí, latiendo. Qué suerte la de AMLO, quien saldrá bien librado en las encuestas de popularidad, colgándose medallas que le corresponden al libre comercio y escudándose detrás de una pandemia global para justificar sus malos resultados.

Qué mala suerte, en cambio, la de México. Qué injusto que los pobres, aquellos por los que dijo que gobernaría primero, sean hoy más pobres que cuando inició su sexenio. Qué evidente es que no hubo un combate a la corrupción y qué preocupante es que se haya debilitado, aún más, el raquítico Estado de Derecho. Qué duro se avizora el panorama económico y político mundial y qué rápido está avanzando la tecnología.

---

[9] México, ¿cómo vamos? "Lo que valoramos tras la pandemia: resultados de la primera encuesta MCV" (29 de junio de 2021), disponible en: https://mexicocomovamos.mx/publicaciones/2021/06/resultados-de-la-primera-encuesta-nacional-del-panorama-economico-2021/

Qué fuerte es la sensación de que la Cuarta Transformación sentó a México en la banca, mientras los demás se juegan la vida por un futuro.

Agradecimientos

A Aideé Zamorano, Alejandro Abarca, Carlos Urzúa, Eduardo Prud'homme, Ignacio Martínez, José Luis de la Cruz, Liliana Alvarado, Mauricio Rincón, Ricardo Fuentes-Nieva y Sofía Ramírez, por su tiempo y su paciencia.

A todos mis colegas periodistas, cuyo trabajo he citado aquí. Sin su valiente labor, esta obra no existiría.

A mi editor, Miguel Ángel Moncada, por creer en mí y en este proyecto.

A Alma Leticia García, la mejor profesora de periodismo, amiga del alma e inspiración.

A los Cota Schwarz, los Cota-Hernández y los Alcindor Rangel, por todas sus porras.

A mi esposo, Adam, porque sin su ayuda no hubiera logrado escribir este libro.

A David Bowie, por sacarme del hoyo incontables veces.

A Glennon Doyle, por recordarme que soy una *goddamn cheetah*.

Y a mis lectores, por ser mi guía, siempre.

Suerte o desastre de Isabella Cota
se terminó de imprimir en enero de 2024
en los talleres de
Litográfica Ingramex, S.A. de C.V.
Centeno 162-1, Col. Granjas Esmeralda, C.P. 09810,
Ciudad de México.